EDIÇÃO

Imprensa da Universidade de Coimbra
Email: imprensa@uc.pt
URL: http://www.uc.pt/imprensa_uc
Vendas online: http://livrariadaimprensa.uc.pt

DESENHO GRÁFICO

António Barros

INFOGRAFIA

Mickael Silva

PRINT BY

CreateSpace

ISBN

978-989-26-0747-4

ISBN DIGITAL

978-989-26-0748-1

DOI

http://dx.doi.org/10.14195/978-989-26-0748-1

DEPÓSITO LEGAL

380247/14

DEUS E
CARAVAGGIO

A NEGAÇÃO DO
CLARO-ESCURO
E A INVENÇÃO DOS
CORPOS COMPACTOS

CARLOS
VIDAL

De todos os seres visíveis o maior é o Mundo; de todos os invisíveis o maior é Deus. Mas o Mundo existe – vemo-lo nós; que Deus existe – cremo-lo.

Santo Agostinho, *De Civitate Dei*[1]

Se engolimos o corpo de Cristo e bebemos o seu sangue vertido em vida, porque não haveremos de o mostrar em pintura, que o pode representar? Tanto quanto ele simplesmente é, de nenhum modo o podemos representar, porque ele é o Deus fora de qualquer lugar. Mas, na medida em que ele vem até nós num ser correspondente ao nosso, ele é um homem e pode ser representado por causa da sua constituição, uma vez que ele é dois sem mistura (...).

Abade Teodoro de Studium, *Poemas sobre Imagens*[2]

O que vos digo em trevas, dizei-o em luz.

Santo Evangelho de Nosso Senhor Jesus Cristo segundo S. Mateus, X, 27

Agradecimentos:

Professor Lima Carvalho, Silvina Rodrigues Lopes, Saul Noronha da Costa, Eduardo Batarda, José Tolentino Mendonça, João Onofre, Francisco Queirós, José Maçãs de Carvalho, Osvaldo Silvestre, Pedro Cabral Santo.

SUMÁRIO

ÍNDICE DE ILUSTRAÇÕES

ÍNDICE DE ILUSTRAÇÕES

I

OS MODOS DE UMA VIDA DEVOTA

I

OS MODOS DE UMA VIDA DEVOTA

Inevitavelmente, começo esta análise num ponto após a mais recente fase de vida do nome forte «Caravaggio»: e justificadamente refiro-me ao nome, à obra e ao homem (ainda hoje mitificado em excesso e assaz enevoado pela sua «má fama», apesar de vários estudos e biografias desmitificadoras e de reposição de verdades não assimiláveis a desejados paradigmas românticos); comecemos pois pela mais recente fase desta galáxia em desenvolvimento, uma vez que a sua afirmação data apenas de meados do século XX.

Na verdade, surpreendamo-nos, somente em meados do século XX foi definitivamente restabelecido o lugar de Caravaggio na história da arte ocidental. Facto precedido por um entusiasmo de curtíssima duração posterior à morte do pintor, chamemos-lhe a era do *não de todo correctamente* denominado «caravaggismo», reanalisado recentemente em Florença por ocasião das celebrações dos quatrocentos anos da morte do lombardo, na exposição que a várias se seguiu ao longo dos anos, e de que se dará conta: registe-se, há cerca de dois anos, *Caravaggio e caravaggeschi a Firenze*, Uffizi e Galeria Palatina do Palazzo Pitti[3] e a mais completa recolha e estudo bibliográfico do tema, o gigantesco tomo organizado por Claudio Strinati e Alessandro Zuccari, *I Caravaggeschi*;[4] a reposição lógica do lugar de Caravaggio na história da arte é, como se sabe, da responsabilidade de Roberto Longhi através da exposição que organizou, comissariou e prefaciou, no Palazzo Reale de Milão em 1951, entre Abril e Junho, *Mostra del Caravaggio e dei caravaggeschi*, onde quase toda a obra até então conhecida de Caravaggio foi apresentada contextualizadamente.[5]

De certa maneira, nasceram aqui, desde esta exposição e desde este período a meio do século XX, os *estudos caravaggescos*, pois só em 1951 vieram a público mais de trinta e oito publicações sobre o pintor,[6] pintor que, apenas durante os finais do século XIX (nunca anteriormente) voltara a suscitar dispersos interesses, de A. Bertolotti (1881), W. Kallab (1906-1907), ou Virgilio Saccà (1906).[7] Por este período da exposição de Milão, outros autores se foram impondo no âmbito dos estudos caravaggescos, além de Longhi sobretudo Walter Friedlander (que dos anos 30 aos anos 50, na Universidade de Nova Iorque, também se dedicara ao pintor, tendo publicado os seus *Caravaggio Studies* em 1955),[8] autor que confirmaria Longhi[9] como o maior estudioso de Caravaggio nesses anos de mudança avaliativa da primeira metade do século. Mas antes e depois de Longhi, e recuando necessariamente, antes e depois do século XIX, muito haverá a dizer, como veremos.

1. Fama e vida numa cidade: um «outro» Caravaggio

Partamos agora da avaliação do pintor e das formas desta avaliação desde o seu início histórico. De facto, Caravaggio não foi muito considerado pelos seus contemporâneos nem por famosos estudiosos do século XVII, alguns deles seus biógrafos como o rival Giovanni Baglione que, no seu estudo sobre Caravaggio no volume *Le Vite de' Pittori, Scultori, et Architetti* (Roma, 1642),[10] o acusa de desrespeitar a arte do passado e de pintar do natural, apesar de elogiar algumas obras do pintor lombardo, como, logo no início do seu estudo, o *Rapaz Mordido por um Lagarto* («ouvimos o rapaz gritar»,[11] tela de que há duas versões: a que Mina Gregori[12] data de 1595-6 e está na National Gallery, Londres; e a de 1596-7, na colecção da Fundação Roberto Longhi de Florença); critica ainda Baglione o advento do *tenebroso* (o extremado *claro-escuro* – classificativo provisório e precário, mas talvez o mais útil neste ponto da investigação) e a obscuridade caravaggesca, que só podia ser «adorada por pessoas de má rês», das pinturas na Capela Contarelli da Igreja de S. Luís dos Franceses de Roma, em torno da vida de S. Mateus (1599-1602, três telas que adiante serão destacadas como as fundadoras do *tenebroso* – papel que também podemos assacar à obra sobre *Santa Catarina de Alexandria*, de 1598 – que não mais deixará de ser a marca do autor).

Posteriormente, o muito reputado teórico, também do século XVII, Giovanni Pietro Bellori (admirador de Poussin e do espírito «clássico»), no seu «Michelangelo da Caravaggio» de *Le Vite de' pittori, scultori, e architetti moderni* (1672)[13] não lhe será mais simpático: condena a sua «arte sem arte», imitadora da natureza,[14] desrespeitadora da *maniera* da beleza em favor da verdade; Bellori chegaria mesmo a dizer que a obscuridade caravaggesca tinha equivalência na sua maneira de ser, cor de pele e modo de vestir, procurando desta maneira compreender e explicar a incompreensível luz caravaggesca através de factores extra-pictóricos.

Bellori inicia assim o seu impressivo texto sobre a vida e obra de Caravaggio, atrás citado: «Costuma dizer-se que Demetrios o Velho foi um tal estudante do natural que passou a preferir a imitação à beleza das coisas: o mesmo sucedeu a Michelangelo Merisi, que nunca reconheceu outro mestre que não o modelo, abandonando a selecção das formas mais perfeitas da natureza – e, assim, inacreditavelmente, parece que ele imita a arte sem arte».[15] Portanto, para Bellori, esta «arte sem arte» era algo inaceitável tanto formal quanto moralmente – e a expressão «arte sem arte» era nestes termos usado porque a pintura do lombardo não melhorava a natureza quando totalmente dela dependia como modelo, e, portanto, desse modo não respeitava as regras do *decorum* (que o arcebispo Federico Borromeo, no seu importante *De pictura sacra*, de 1624,[16] acima de tudo considerava numa pintura). Assim sendo, sem respeito pela *maniera*, Caravaggio *inovava sem nada inventar*, limitava-se a levar-nos para a natureza (uma inovação, de facto) sem nada inventar (sem nada lhe acrescentar, sem a refazer). Sendo a autoridade que era no domínio da teoria da arte do seu tempo, é a Bellori que devemos assacar as responsabilidades primeiras pela desvalorização moral da personagem Caravaggio, que ele, teórico, de certo modo dizia perceber na pintura do artista.

É daqui que surge o Caravaggio epítome da desordem, desregrado, violento, propenso ao homicídio, em resumo, uma figura destinada a uma vida romantizada. Apesar de Bellori não descrever o pintor nestes tons («imoral», «homicida» pictórico), o impulso para este «quadro» pode-lhe ser reportado, como referem as recentes biografias de Helen Langdon (*Caravaggio: A Life*)[17] e Andrew Graham-Dixon (*Caravaggio: A Life Sacred and Profane*),[18] ou os indispensáveis estudos de Sybille Ebert-Schifferer (*Caravage*, ainda o volume colectivo organizado também por Sybille Ebert-Schifferer, Julian Kliemann, Valeska von Rosen e Lothar Sickel, *Caravaggio e il suo ambiente: Ricerche e interpretazione*).[19]

Entretanto, mais moderado que Bellori foi, em seu tempo, Karel van Mander, que nos deu nota da fama e impressão causada pelas obras do pintor na cidade de Roma; contudo, também o caracterizou como preguiçoso e pouco dado ao estudo e ao trabalho, pois se pintava durante quinze dias, deambulava em busca de sarilhos pelas ruas da cidade durante um mês seguido. Sybille Ebert-Schifferer não aceita passivamente estas descrições de van Mander e sugere-nos que este teria confundido Caravaggio com o seu íntimo amigo, esse sim um homem com registos problemáticos, o arquitecto Onorio Longhi.

Com efeito, não nos podemos esquecer, dado a reter e sublinhar, que a sociedade romana da década de 1590s era um lugar particularmente violento, Roma era uma cidade que recebia em massa soldados desmobilizados de campanhas no norte de Europa (Flandres) e leste (Croácia, Eslovénia). Em suma, uma «sociedade de homens» na qual o número de prostitutas crescia exponencialmente. As disputas em torno de mulheres eram mais do que frequentes no seu *ghetto* (o bairro Ortaccio), e nelas Caravaggio tomava parte como asseguram os registos policiais que Antonino Bertolotti coligiu em 1881 (que são parte da pouca documentação segura que de Caravaggio dispomos), e a propósito devo remeter para a importante colectânea de André Berne-Joffroy, o conhecido *Dossier Caravaggio*, e ainda para o anexo que ao tema da «documentação Bertolotti» dedica Friedlander nos seus *Studies*.[20] A sociedade romana da última década do século XVI, é também descrita de forma extremamente eficaz e vivida no capítulo VI, «The World of Street and Brothel»,[21] da biografia de Helen Langdon. Nas ruas onde a lei era apenas uma aparência inconfirmada cruzavam-se cortesãs como Fillide Melandroni, uma pobre mulher de Siena que enriqueceu pelos seus serviços em meios abastados e poderosos, onde pontificavam famílias como os Tomassoni (de onde proveio o famoso, ao que consta provocador sem qualquer freio, desordeiro e fora-da-lei, apesar de tudo protegidíssimo, Ranuccio, o homem assassinado por Caravaggio), e códigos de honra sinalizadores de uma sociedade extremamente estratificada, onde arte e espada se cruzavam em ritualizadas lutas por nível e estatuto social.

Vale a pena transcrever um escrito de Helen Langdon até ao ponto em que ela cita Baldesar Castiglione e o seu *Il Libro del Cortegiano*:[22]

O fogoso comportamento destes homens de espada e artistas, a constante preocupação com o nível e estatuto, bem como as respostas ritualizadas à descortesia e ao insulto, reflectem uma sociedade rigidamente estratificada. O seu mundo era governado por uma muito complexa cultura de honra, por uma inspiração e ideal novo que sucedeu ao anterior ideal renascentista do amor cortês, algo que modelaria o comportamento de muitos romanos. A honra era a divisa da elite, exibida no poder, na riqueza, conhecimento e culto das armas; isso cristalizava o valor de um homem e o seu estatuto aos olhos do mundo; a habilidade no manejo da espada era central a esta cultura de honra, e a cidade de Roma era o centro de uma florescente escola de esgrimistas violentos onde o florete, uma arma leve, nas mãos do cortesão cada vez mais popular se tornava. Como [Baldesar] Castiglione escreveu, «creio que a principal e a verdadeira profissão de um cortesão deve estar ligada às façanhas de armas ... Muitas vezes torna-se-lhe útil o uso da arma que lhe calha naquele instante transportar».

De Bellori (artista maldito) a Maurizio Calvesi (homem devoto, seguidor dos ensinamentos dos oratorianos) a personagem Caravaggio sofreu diferenciadas e extremadas leituras, que Langdon assim sintetiza logo no início da sua biografia de referência:

Caravaggio tornou-se famoso como um pintor homossexual, cujas pinturas líricas de jovens rapazes teriam sido realizadas para seduzir os espectadores dessas preferências sexuais. O académico alemão Herwarth

Röttgen no seu *Il Caravaggio: Ricerche e Interpretazione* (1974), seguido por [Howard] Hibbard [*Caravaggio*, Nova Iorque, Harper Row, 1983], apresentou Caravaggio como um inseguro e um homossexual narcisista. Esta leitura, um cliché em Inglaterra, nunca fez escola em Itália, e nos anos mais recentes muitas vozes autorizadas se levantaram contra estes clichés, culminando no livro de Creighton Gilbert, *Caravaggio and His Two Cardinals* (1995), que demonstrou, com poderosos argumentos forenses, que a evidência histórica da homossexualidade de Caravaggio era extremamente inconsistente. Muitas outras interpretações têm surgido sobre as primeiras pinturas; Franca Trinchieri Camiz relacionou as conhecidas pinturas de músicos com práticas musicais contemporâneas, enquanto Stephen Bann, no seu *Tru Vine*, discutiu a presença destes rapazes como «ensaios em torno da arte da apresentação». Continuando, ainda em Itália muitas outras leituras têm aberto outras áreas de interesse, revelando-nos informações novas sobre os amigos e mecenas do pintor, e uma nova consciência do seu mundo; por exemplo, Maurizio Calvesi, brilhantemente, recriou as redes de mecenato e encomendas nas quais se movia Caravaggio.[23]

Num dos mais recentes de entre bem conseguidos estudos sobre o pintor lombardo, o já citado de Sybille Ebert-Schifferer, mostra-se como alguma historiografia tende a extremar Caravaggio entre dois pólos, que a autora deste modo apresenta, recusando-os: há então «dois» caravaggios, e não apenas um, o mais popular – temos, de um lado, o livre pensador, o boémio heterodoxo e frequentador de lugares de má fama praticando activa e permanente resistência social, não alinhado com comportamentos modelares, e, por outro lado, o Caravaggio contra-reformista, rigoroso discípulo de Federico Borromeo (primo de Carlo Borromeo, ambos zeladores de uma rígida moral religiosa e influenciados por S. Francisco e pelo contemporâneo S. Filipe Neri; este, sem dúvida, uma referência para Caravaggio, menos discutível que a ligação Caravaggio-F. Borromeo), ou seja, um Caravaggio seguidor e dedicado a uma cristologia críptica e complexa.

Sybille E.-S. diz-nos que não seguirá nem uma nem outra via caracterizadora, mas igualmente nos avisa que se decepcionarão os que no seu livro buscam um pintor escandaloso, o autor de quadros sistematicamente recusados e polémicos (o que é, sob todos os critérios, um exagero quase cinematográfico) e o Caravaggio coleccionador de amantes, masculinos ou femininos. Com efeito, de ambos os casos e desta irreal figura lasciva há poucas ou nenhumas referências seguras, apesar de estar mais documentada a sua frequência e relação com mulheres prostitutas ou outras mulheres que lhe serviram de modelo, como a Lena da *Madonna do Loreto*, referenciada num depoimento policial do notário Mariano Pasqualone, com o qual Caravaggio entrara em vias de facto precisamente por causa de Lena, *donna di Michelangelo [Caravaggio]*, como lemos nos depoimentos recolhidos por Bertolotti,[24] pretendida também por Pasqualone, que neste particular com Caravaggio rivalizava tendo mesmo contra ele intrigado junto da família da mulher.

Mas consideremos que Bellori era homem de visão e de cultura e sabia enumerar os conseguimentos de Caravaggio; contudo, a análise caracterial sobrepunha-se-lhe sempre. Sabia Bellori que, para além dos sempre citados *caravaggeschi* (van Baburen, Caracciolo, Artemisia Gentileschi ou Ribera), Caravaggio não deixava de ser mestre influente para pintores como Guido Reni ou Guercino. E mesmo tal reconhecendo desvia-se de seguida Bellori do principal, quando escrevia que ao influenciar outros artistas Caravaggio não conseguia deixar de ser egocêntrico, e tanto mais o seria quanto mais marcante para os seus colegas era. Bellori acaba por colocar sempre a pessoa acima da obra e das formas, analisando uma e desvalorizando estas.

Entretanto, se falo aqui em Guercino é por uma razão concreta e curiosa. É sobretudo porque muito o admirou Goethe, que no seu *Italienische Reise*, de finais do século XVIII, de todos falou (de Mantegna a Ticiano, passando por Guercino, de quem dizia ser a sua *Santa Petronilha* «incalculável»), menos de Caravaggio – não o «viu», não o comentou.[25]

Algum tempo depois da sua morte, parecia vivificar-se o nome e muito pouco a obra. Por exemplo, Palomino, o biógrafo de Velázquez, diz-nos que ao espanhol chegaram a chamar o «segundo Caravaggio»,[26] mas, quando nos relata as viagens de Don Diego a Itália, nenhuma referência é feita ao lombardo, e sabe-se que da segunda vez que Don Diego passou por Itália tinha «compras» reais como incumbência e de Caravaggio nada comprou. É pois exacto que a fortuna ou infortúnio crítico de Caravaggio vive menos bons e maus momentos até, por exemplo, às trovejantes declarações de John Ruskin, que o considera um cumular de horrores, um artista mergulhado nas imundices do pecado. Assim fecha o século XIX que, curiosamente, teria sido inaugurado (caravaggescamente) pelas declarações entusiásticas de Stendhal no seu *Promenades dans Rome*, de 1829.[27] E no escritor vale a pena determo-nos um pouco.

2. Fama, olhar literário e devoção

Stendhal estudara certamente Bellori, pois no seu texto surge constantemente a admiração pelo pintor (às vezes incondicional, portanto o autor de *Le Rouge et le Noir* é muito mais afirmativo que Bellori) ao mesmo tempo que se revelam o medo e a vontade de expressa distância face ao homem. Recorrendo a vários registos, literários, diarísticos, digressivos (notas de turista descomprometido?) ou ensaísticos, Stendhal dedica pelo menos quatro dos seus livros a Itália (onde desempenhou funções de cônsul em Trieste e Civitavecchia), uma *Histoire de la Peinture en Italie* (1817), *Rome, Naples et Florence*, uma recolha de textos sob o título *Chroniques Italiennes* e o que seguiremos, com empolgadas referências a Caravaggio, o *Promenades dans Rome* de 1829 (para além de uma *Vie de Rossini*).

Este último, o *Promenades...*, segue a estrutura do registo diarístico já adoptado por Goethe na sua *Italienische Reise*. Num apontamento de 13 de Dezembro de 1827, diz-nos Stendhal que para visitar Roma, cidade que se visita por amor à arte superior, são necessários atentos estudos preliminares. Na Igreja de Santa Maria del Popolo, admira os túmulos de Sansovino, a *Assunção* de Carracci e os caravaggios da Capela Cerasi, *A Conversão de S. Paulo* (a 2ª versão dedicada pelo pintor ao tema) e a *Crucificação de S. Pedro* **(Figs. 1. e 2.**, respectivamente). E não hesita em afirmar: «ce grand peintre fut un scélérat».[28] Vale seguidamente a pena ler intergralmente o que escreveu Stendhal sobre a *Madonna dei Pellegrini* da Igreja romana de Sant'Agostini:

Dans la première chapelle, à gauche en entrant, on trouve de magnifiques ouvrages de Michel-Ange de Caravage. *Cet homme fut un assassin* [sublinhado meu]; mais l'énergie de son caractère l'empêcha de tomber dans le genre niais et noble, qui de son temps faisait la gloire du cavalier d'Arpin [mestre de Caravaggio]: le Caravage voulut le tuer. Par horreur pour l'idéal *bête*, le Caravage ne corrigeait aucun des défauts des modeles qu'il arrêtait dans la rue pour les faire poser. J'ai vu a Berlin [esta informação é muito significativa, pois muito provavelmente Stendhal está a referir-se à versão recusada, segundo Baglione, de *S. Mateus e o Anjo*, de 1602, que terá sido adquirida pelo rei da Prússia em 1815, após conhecida pertença ao marquês Giustiniani,[29] e depois levada para Berlim, quadro hoje dado como destruído] des tableaux de lui , qui furent refusés par les personnes qui les avaient commandés, comme trop laids. Le règne du laid n'est pás arrivé.[30]

Sem dúvida que esta caracterização tem a marca de Bellori, mas aqui é assumidamente elogiosa, pelo menos sente-se o escritor pela pintura perturbado. Mas é também muito pertinente o modo como Stendhal descreve as obras dedicadas a S. Mateus na Capela Contarelli de S. Luís dos Franceses: aí fala-nos Stendhal da presença de camponeses grosseiros mas *plenos de energia*, algo que poderia alargar-se a outras obras de Caravaggio.

Ora, esta «grosseria» cruzada com «energia», enquanto qualidade figural, não fora obviamente partilhada por Jacob Burckhardt, o qual, em *Der Cicerone: Eine Anleitung Zum Genuss der Kunstwerk Italiens*, de 1854, assaz incomodado pelo naturalismo ou realismo triunfante do seu contemporâneo Courbet, teve necessidade de procurar o responsável por esta nova estética, e aí foi à raiz Caravaggio, por assim dizer o primeiro «culpado» de tudo.[31] Admirava Burckhardt o Caravaggio inicial e as suas cenas de género, os concertos com jovens músicos e as naturezas-mortas **(Fig. 3.)**, não exactamente pelo tema, mas por nessas obras ainda detectar um certo colorismo de timbre veneziano. Já quanto à *Conversão de S. Paulo* (estranhamente, estava aqui Burckhardt a referir-se à versão hoje na Capela Cerasi, a 2ª versão da *Conversão*, muito distante da primeira versão de 1600-1601, a qual, essa talvez, seria suposto ser criticada por literal e assaz descritiva, pertença de uma colecção privada romana e mostrada recentemente na exposição do quadricentenário[32] na Scuderie del Quirinale entre Fevereiro e Junho de 2010), acusava Burckhardt o pintor de transformar a sublimidade num lugar-comum. Radicalizando as suas considerações, dizia ainda Burkhardt que o escudo com a Medusa, dos Uffizi (Fig. 4.), parecia um rosto com o ar de alguém a quem tinham extraído um dente.[33] Portanto, enquanto Stendhal atribui carácter energético aos modelos proletarizados de Caravaggio, Burckhardt fala--nos de «vulgaridade». E aqui é Burckhardt que erra, por certo. Porque os modelos proletarizados e «sem correcção» de Caravaggio nada podem ter de transgressivo ou «vulgar» para um leitor de S. Filipe Neri, como Caravaggio o foi e outros estudiosos o confirmam (Maurizio Calvesi).

Filipe Neri, fundador da Congregação do Oratório, influente pensador do seu tempo (que se reclamava herdeiro de Savonarola e de Santo Agostinho), deixou alguns textos dispersos, alguns em forma de *Máximas e Ditos de S. Filipe Neri,* dos quais um conjunto de pensamentos destinados um para cada dia do ano. Com data de 13 de Março, recomendava o oratoriano: «O melhor remédio para a secura do espírito é representarmo--nos sempre, perante Deus e os santos, como mendigos; como mendigos dirigimo-nos para um santo e depois para outro, pedindo-lhes bálsamos espirituais com a mesma sinceridade que um pobre nas ruas o mesmo a nós nos pede». Noutro escrito ou pensamento, destinado aos dias 19, 20 e 21 de Junho, descrevia Filipe Neri que o mais elevado degrau da vida era a «vida angélica», que correspondia a um estado de contenção e «domesticação» tal que de Deus se recebia a capacidade de nada nos causar repugnância.[34]

Por outro lado, apesar da estrita política de encomendas a que o artista (os artistas) estavam sujeitos, não pode afigurar-se-me despicienda, no conjunto da sua obra, a ligação de Caravaggio à figura do evangelista Mateus, a figura temática da Capela Contarelli e do seu conhecido tríptico (a analisar ao longo do ensaio, tríptico que trata da vocação do santo, a escrita do evangelho ditado pelo anjo e o martírio de Mateus). Descrevamos então os contornos desta encomenda, que se conhecem com exactidão, e seguidamente da «escolha» de S. Mateus (por Cristo e por Caravaggio) como outro exemplo ou outra possibilidade de leitura da «vulgaridade» caravaggesca, seguindo os termos de Burckhardt. Os contratos, primeiro com o pintor Girolamo Muziano (1565), depois com Caravaggio (1599) foram recolhidos por Bertolotti e encontram-se publicados e transcritos nos *Studies...* de Friedlander.[35]

Sintetizemos o caso do seguinte modo: a encomenda das cenas da vida de S. Mateus para a capela Contarelli de S. Luís dos Franceses mostra-nos, sublinha-o (o que é sabido) Sebastian Schütze,[36] que nestes trabalhos de altar, concretamente, eram restritas as possibilidades de inovações pictóricas, pois as obras respondiam, ou pretendiam responder, a um programa preciso (contudo, convém não esquecer os problemas em torno da já citada recusa de uma primeira versão de S. Mateus e o Anjo, a obra hoje dada como destruída). O patrono da capela fora o prelado francês Mathieu Cointrel, que, em 1565, encomendara um conjunto muito preciso de obras a Muziano – o quadro de altar devia representar S. Mateus escrevendo o seu evangelho ditado pelo anjo; as paredes laterais representariam a «vocação» (o chamamento) e o martírio do santo. Estes detalhes são importantes, pois é este o programa do tríptico caravaggesco que existe hoje no mesmo local. Sucedeu que até à morte do doador Cointrel, em 1585, as obras de Muziano não foram concluídas, e o executor testamentário de Cointrel, Virgilio Crescenzi, decide depois procurar outros artistas para a realização das obras para Contarelli. Em 1597, Clemente VIII decide confiar a herança Cointrel à Fábrica San Pietro, na qual o cardeal Del Monte, o protector de sempre de Caravaggio, tinha assento destacado. E é através de Del Monte que a obra vem parar às mãos de Caravaggio.

Contingência apenas? Sim e não. Comecemos por aqui: não, por várias razões – primeiro, porque Caravaggio liga a tela da «vocação» (através do gesto do chamamento de Cristo, ver Parte IV, «A irrepresentabilidade divina como reinventada convivialidade com Deus: o "enigma Caravaggio"») à figura de Lázaro de Betânia, o ressurecto, da pintura com o mesmo nome, obra de Caravaggio datada de 1609. Depois, porque a figura de Mateus, como também sublinha e muito bem Joseph Ratzinger/Bento XVI, não é a de um apóstolo qualquer. Como enfatiza

Ratzinger numa das suas audiências (30 de Agosto, 2006), Mateus foi o 1º evangelista (poderemos considerá-lo um *biógrafo*?) e era um, digamo-lo deste modo, inconveniente e/ou «impuro» cobrador de impostos (e vale ainda a pena continuar com Ratzinger, pois este chega mesmo a considerar a versão de Caravaggio, a do chamamento do santo, como uma das melhores existentes, se não mesmo a melhor). Diz ainda Ratzinger, citando S. João Crisóstomo,[37] que Pedro, André e João foram chamados por Cristo enquanto pescavam, que era a mais nobre das profissões, e Mateus fora-o enquanto contava dinheiro, situando-se o publicano no outro extremo da nobreza do pescador. E Mateus aparece, no seio de Cristo, junto aos mais pobres e humildes mas também junto aos banidos (pela sua relação com o «banido» dinheiro).

No capítulo 7 do seu *Jesus Von Nazareth* (Vol. I), «A mensagem das parábolas»,[38] analisa Ratzinger a parábola do «rico avarento e do pobre Lázaro» (*Lucas*, XVI). No *Salmo* 21 surge alguém que se considera a si mesmo «um verme e não um homem, o opróbrio dos homens e a abjecção da plebe». Ainda em *Lucas* (XVI, 19) o evangelista descreve um Lázaro mendigo coberto de chagas quedado à porta de um homem rico. Ratzinger estabelece, de seguida, uma relação entre este homem e Cristo padecendo «fora das portas da cidade». Depois liga este pobre Lázaro a Lázaro de Betânia, o do Evangelho de S. João (e que analisarei tal como tratado por Caravaggio). Aqui há vários paralelos: o Lázaro de *Lucas* (XVI) é premonitório de Cristo, como o de Betânia também o é, pois na obra de Caravaggio o corpo do Lázaro de Betânia ressurrecto cita explicitamente o corpo de Cristo na *Pietá* de Boticelli. Que o pobre Lázaro é a premonição de Cristo di-lo Ratzinger, que o homónimo de Betânia também acarreta a mesma premonição o diz Cristo quando afirma «Eu sou a ressurreição». O vulgar publicano liga-se pois ao «invulgar» ressurrecto e ao pobre Lázaro, homens excluídos (ou a excluir) o primeiro e o último. Caravaggio entende tudo isto melhor do que se julga, e do que julga Burckhardt; por outro lado, não será certamente por acaso que Ratzinger elege o lombardo como o melhor retratista destes e outros episódios. Mas temos de voltar atrás, à fortuna e infortúnio histórico-crítico do nosso pintor.

II
O DESENHO SEM DESENHO

II

O DESENHO SEM DESENHO

Como descrevi, deve Caravaggio o início do seu reposicionamento histórico (antes ainda da decisiva intervenção de Roberto Longhi) a autores como Wolfgang Kallab (1906) e, segundo Friedlander, também a Lionello Venturi que, no seu estudo sobre o *cinquecento* pictórico de Leonardo a El Greco, sublinha a emergência de uma escola luminista na Itália do norte, um estilo anticlássico no qual Caravaggio tomaria a dianteira por contraponto ao mais apaziguado tradicionalismo de Annibale Carraci;[39] sublinhe-se que Venturi dedicou estudos monográficos a Caravaggio e, nesta tarefa de redescoberta, teremos de juntar outros autores como Herman Voss e Nikolaus Pevsner.[40]

Já no período dominado pelos estudos e reavaliações de Longhi,[41] destaquei Friedlander (que publicaria nos seus *Studies* um importante *catalogue raisonée* do autor, talvez um primeiro ensaio de tal *catalogue*) a quem acrescentaria Rudolf Wittkower, autor de um estudo *standard* sobre o barroco de Bernini e de uma história da arte italiana de 1600 a 1750, em cujo primeiro volume se dedica um capítulo a Caravaggio, onde encontro das melhores análises sobre a «substância» do *tenebroso* (ou sua insubstancialidade/inominabilidade irreal distinta da teatralidade lumínica de Rembrandt, mais naturalista e descritiva na forma como na proporcionada espacialidade).[42]

Intentam alguns destes autores – sobretudo Venturi, Friedlander ou Wittkower – sublinhar o carácter anticlássico e mesmo revolucionário da pintura de Caravaggio (uma pintura sempre *atacada* sem desenho, e realmente não se conhece nenhum desenho de Caravaggio, uma pintura que é um pensamento exterior ao desenho, caravaggismo onde o contraste luz-sombra nunca admite gradações nem valores intermédios atmosféricos...), um corte radical na história por vezes matizado por outros autores, como Wittkower que não opta pela total oposição Carracci--Caravaggio;[43] na perspectiva do corte revolucionário com o classicismo (mas não apenas, como veremos), pode pensar-se em Caravaggio como o criador de uma sequência *evenemental* (utilizando os termos da reflexão filosófica de Badiou a propósito do conceito de «acontecimento» ou emergência do inédito sem precedentes e sem leitura explicativa), na qual o claro-escuro tenebrista, ou o *tenebroso*, se desreferencializa inclusive do habitual e característico da pintura lombarda contemporânea do artista (um tema a desenvolver, este, o da pintura do norte de Itália), *tenebroso* que, por exemplo, Giulio Mancini (que nas suas *Considerazioni sulla pittura*, de 1617-21, reconhece Caravaggio como protagonista de uma experiência pictórica nova)[44] e Bellori vêem como atentatório dos cânones de beleza de Rafael, de Ticiano ou Correggio, mas também, posso acrescentar, dos preceitos de cor-luz-sombra e volumetria ensinados por Leonardo; *tenebroso* caravaggesco que consiste numa sobreexposição lumínica das formas-corpos, sempre alicerçado numa funda e absoluta obscuridade (pois todo o claro-escuro *tenebrista* é dialéctico, dirão Michael Fried e John Rupert Martin);[45] *tenebroso* que abre, para Michael Fried, o campo da pintura até ao mundo infinito exterior, interior e exterior confundidos e *sem atmosfera*.

Encontraremos nalguns destes tópicos o fulcro do «acontecimento Caravaggio». Do fulcro do «acontecimento Caravaggio» faz parte a mencionada situação de que do autor não se conhece nenhum desenho ou estudo preparatório (facto certamente condicionante da sua pintura), o que pode dele fazer um revolucionário pictórico de risco ilimitado, embora consequente em absoluto, ou seja, um inventor de uma forma de trabalhar/compor rara e tão pessoal na sua eficácia que dificilmente se consegue explicar ou transformar em preceito (sem antecedentes ou com poucas consequências) – o que contribui para a ideia do «acontecimento Caravaggio».

3. Um modo único de estudar

Podemos enfatizar (como fiz) e, ao mesmo tempo, desdramatizar a ausência de produção desenhística em Caravaggio.[46] O que, juntamente com as suas invenções luministas sem precedentes nem descendência óbvia (fazendo, como defenderei, que à sua luz deva ser atribuído um nome ainda por forjar e que nos questionemos sobre o que é isso de «caravaggismo»), nos leva a verificarmos estar perante um autor que pensa a pintura nela própria, ou seja, no *medium* e enquanto *medium*. Ao contrário de Poussin, Caravaggio faz da pintura o palco da sua própria gestação, porque outro não há (e, em Poussin, seja da pintura seja da escultura esse palco é o desenho, ou melhor, o *desenho-encenação*).

Ora, é certo que uma tarefa actual dos estudos caravaggescos é, como dizia atrás, a de desdramatizar e desmitificar, ou desmistificar alguns pressupostos formados em redor do autor, sendo um deles o referente à ausência de produção desenhística, ausência que tem vindo a servir não para pensar a especificidade da pintura do lombardo, mas antes para continuar a caracterizá-lo como um pintor impulsivo pouco dado ao estudo do quadro, algo que já se deduzia dos testemunhos de van Mander. Deste facto insofismável (é claro que Caravaggio não atribuía nenhum lugar particular ao desenho na sua obra) e verdadeiro pouco se pode concluir: não, não concluiremos tratar-se o lombardo de um pintor indolente – pelo contrário, as suas obsessões formais são as suas centrais características (consta que costumava mesmo andar na rua com compassos, o que alguns registos policiais mencionam); entretanto, os desenhos ausentes permitem deduzir algumas peculiaridades do seu modo de trabalho.

No capítulo dedicado às «qualidades artísticas»[47] de Caravaggio, Sybille E.-S., num estudo recente, propõe-nos um ponto de partida claro: Caravaggio força a entrada em cena do vocábulo «inovação», na medida em que os anteriores classificativos existentes, *imitatio* e *inventio*, não mais parecem ser suficientes para descrever o que está em causa nesta pintura. Portanto, esta é uma pintura que está para além da imitação e da invenção, preferindo lidar com o real (ou melhor, com elementos do real – como a luz), transfigurando-o. Note-se que desde cedo se procurou negar a ligação do pintor à novidade ou inovação, precisamen-te pela dificuldade em entender o que tal pode sinalizar *nesta pintura*. É conhecida, porque descrita por Baglione, a afirmação do académico Zuccaro ao entrar na Capela Contarelli – *aqui não há nada de novo se isto compararmos à pintura de Giorgione*. Não retenho o alcance desta frase de Zuccaro, a não ser que me centre no facto de que Caravaggio, obviamente, não inova os temas, porque o faz, sim, em relação às formas: ele é um realista, mas sem modelação naturalista. O anterior *sfumato* dá origem a uma modelação de recorte, como se para o autor o desenho se reduzisse ao contorno, quer da luz ou da sombra. Logo, desta pintura teria de estar ausente a perspectiva.

A ausência da prática do desenho em Caravaggio não impede (vemo-lo nas obras, impositivas), em Caravaggio, uma gestão compositiva rigorosa e uma muito precisa geometria explícita e implícita. Curiosamente, foi muitas vezes Caravaggio preso por posse ilegal de arma, a sua preciosa espada sempre ladeada de um ou dois compassos. Além disso, os raios X asseguram-no, nas sucessivas camadas de tinta e preenchimento de super-fícies, umas a outras sobrepostas, são sempre visíveis marcas gravadas e incisões, feitas para definir áreas e pormenores significativos da com-posição, incisões visíveis a olho nu e realizadas com o cabo do pincel ou ponta metálica. Estranha forma de desenhar. Um enigma aqui persiste e devo referi-lo: não há, de Caravaggio, nenhum desenho preparatório, e creio que não se pode aceitar a hipótese (por poucos colocada, aliás) de que os seus desenhos tenham desaparecido. É neste contexto que, digamo-lo deste modo, o «homem-pintor sem hesitações» ganha forma, pois não apenas não temos desenhos preparatórios como são escassas as emendas realizadas ao longo dos trabalhos. Ora, como definia então Caravaggio as maneiras e os processos de preenchimento/feitura do quadro, respectiva colocação de elementos, figuras, etc?

Sybille E.-S. refere que as radiografias nos apontam ter Caravaggio recorrido ao *abozzo*, uma primeira série de manchas aplicadas com pincel e já contendo cor, no caso caravaggesco tratando de «zonas», distribuição de detalhes em manchas de cor branco chumbo. Usado por Giorgione e por Carracci, contemporâneo de Caravaggio, é certo que este preparo e indicação não dispensava o estudo preparatório. Então, o problema mantém-se: onde podem ser vistos esses estudos preparatórios? Questão sem resposta?

Continuemos: ao *abozzo* caravaggesco se juntavam as já mencionadas incisões nas primeiras camadas de tinta. Então, pode dizer-se que, na tela, o desenho caravaggesco era constituído pelo *abozzo* e pelas incisões. Mas em Caravaggio estas incisões ou marcações para a disposição das figuras, ou de zonas de luz e sombra, em nada se relaciona com o mesmo processo quando observado em Leonardo, por exemplo, pois, como disse, nunca há em Caravaggio uma passagem gradual da sombra para a luz (ou vice-versa) característica do *sfumato* de Leonardo, e depois da obra dedicada a *Sta. Catarina de Alexandria*, 1598 (e sobretudo depois da Capela Contarelli), os seus negros «afundam-se» e os brancos «abrem-se» sem paralelo com o natural (que era acusado de «imitar»), nem com quaisquer outros autores. Tal se pode ficar a dever à descoberta de novos tipos de pigmentos, mas acima de tudo a uma deliberada opção estética.

Mas o espanto em relação à ausência de desenho em Caravaggio advém desde logo quando nos atemos ao lugar do desenho nas práticas renascentistas, da arquitectura à pintura. Deve então considerar-se que Caravaggio nunca passou por uma «escola» ou uma prática artística que nos conduz de Fra Angélico a Leonardo e a Miguel Ângelo.[48] Então, subjaz uma decisiva pergunta (mesmo Sybille E.-Schefferer não a saberá resolver): como aprendeu Caravaggio o seu ofício? Que processos, procedimentos, e como aprendeu os primeiros métodos de trabalho com Simone Peterzano e com o Cavaliere d'Arpino, se nessas oficinas seria primordial a arte do desenho?

4. Desenho e mundo: cruzamentos, dissociações (surge Poussin)

Mas aquele que, no fundo, mais fundamente veio dramatizar, diria directa e indirectamente, a ausência de desenho caravaggesco foi, nem mais nem menos, que o seu inimigo póstumo maior do século XVII, obviamente Poussin. Como veremos, em Poussin sem desenho não pode haver nem escultura nem pintura, nem composição nem significação da cor e forma, em suma, nem forma nem cor *tout court*. Basta para tal conhecermos o processo de trabalho do pintor francês para percebermos este importante conflito, e a famosa acusação de que Caravaggio trouxera nas mãos *a morte da pintura*. Se, para Poussin, pintura e escultura não se distinguem (é em Poussin e não em Miguel Ângelo, como antes se tendia a considerar, que estas linguagens se não distinguem), isso deve-se ao papel intermediador do desenho no seu método de trabalho, como se elucidará e dará a conhecer.

Do desenho, sim, mas também se deve aos temas tratados e ao lugar que alguns (Poussin) escolheram para viver – uma Itália idealizada. Como escreve Anthony Blunt: «Por acaso, a pintura francesa do século XVII não produziu as suas obras mais notáveis em Paris, mas em Roma», cidade habitada por Poussin e Claude Lorrain.[49] Ambos são pintores italianos, romanos, mediterrânicos, mais do que franceses. Mas é a pintura francesa que curiosamente marcarão, de Ingres a Cézanne (que dizia querer *refazer Poussin directo do natural*, intentando sinteticamente uma solidez composicional diante de uma mobilidade perceptiva).

Na década de 20 do século XVII, abandonaria Poussin as encomendas religiosas romanas para se aproximar do círculo de Del Pozzo, um amante dos temas da antiguidade. E mesmo aqui, conteudisticamente, a sua obra se opõe a Caravaggio que nunca se interessou por Baco, Eco, Apolo, Adónis, Mercúrio. Elegíaco e literário o francês, emocional e teatral o lombardo. Os «dançarinos de mármore» (Blunt) de Poussin, matematizando a composição (solidificando-a), ou provindo dessa matematização, onde eixos de simetrias substituem obliquidades e diagonais, exprimem a natureza escultórica da pintura, mais do que desenhística. Porque é o volume e a arquitectura que ficam quando tudo o resto desaparece. Paradoxalmente, desaparecendo o pictórico fica o pictórico restante entregue a si mesmo, portanto fica a pintura como reflexão sobre a própria pintura. Tal como o realismo se o entendermos como algo próximo (ou «colado») ao real. De tão colado desaparece o tema, fica o acto de olhar como acto puro, fica o olhar enquanto olhar e nada mais.

O método de trabalho de Poussin (**Fig. 5.**) é o seguinte, inflexivelmente seguido:

- Primeiro, ler tudo sobre o tema tratado (o que nos faz recordar a distinção esboçada por Svetlana Alpers entre a pintura flamenga, descritiva, e a pintura italiana, literária)
- Começar sempre pelo desenho.
- Segue-se uma primeira maqueta em cera, pequena, já com todas as figuras ornadas dos seus panejamentos, e rodeadas de paisagem.
- A este arranjo, segue-se novo desenho.
- Depende do desenho e só do desenho, mudar, alterar grupos e massas, figuras individuais e pequenos detalhes, mudar, em suma, a maqueta.
- Elaborar novo desenho até uma perfeição satisfeita.
- Escolhida por fim a composição, elaborar uma nova maqueta numa escala maior – nunca pintar nada do natural: trazer ainda para as figuras das maquetas, poses e panejamentos, as proporções da estatuária clássica.

A existência e o pensamento de Poussin atacam Caravaggio (e vice-versa), mas, em meados do século XVII, o problema já não passaria centralmente por Caravaggio, mas antes por Rubens. Já não se trata apenas de opor o desenho ao modelo e ao natural, mas de o opor à cor. E Rubens encarna, para alguns, o colorismo, por oposição ao «desenhismo» classicizante.

Na crítica, historiografia e teorização da época, Poussin era defendido sobretudo por Félibien que, no seu *Entretiens sur les Vies et les Ouvrages des plus Excellents Peintres Anciens et Modernes (Livres I et II)*, de 1666, considerará por ordem de importância estas três determinantes da pintura: 1. composição, 2. desenho, 3. cor:

> (...) para bem explicar tudo o que aprendi dos mais sábios de entre os pintores, será necessário fazer uma obra cujo corpo seja dividido em três partes principais: A primeira, que tratará da COMPOSIÇÃO, compreende quase toda a teoria da arte, uma vez que essa operação se

dá na imaginação do pintor, que deve ter disposto toda a sua obra no seu espírito, e possuí-la na perfeição antes de partir para a execução.

As outras duas partes que tratarão do DESENHO e do COLORIDO, não cuidam senão da prática, e pertencem ao trabalho: o que as torna menos nobres que a primeira que é totalmente livre, pois dela podemos saber sem se ser pintor.

(...)

(...) a segunda parte, que é a do desenho, é igualmente por norma um princípio para todos aqueles que pretendem aprender esta arte. Uma vez que é através do desenho que cada um lança os primeiros fundamentos da ciência, através dos quais todos os conhecimentos adquiridos se devem estabelecer, uma vez que sem desenho tudo perde solidez.

(...)

Quanto à terceira parte, que será a do colorido: tratarei dela depois de ter falado da natureza das cores, da união e amizade entre elas, mostrarei de que modo deverão elas ser empregues para produzir os seus belos efeitos de claro e escuro que contribuem para a elaboração do relevo das figuras e das distâncias nos quadros.[50]

Rubens era, por seu lado, sustentado por Roger de Piles, nos termos manifestos quer no seu texto de 1681, *Dissertation sur les Ouvrages des plus Fameux Peintres*, quer, em 1697, em *L'Abrégé de la Vie des Peintres* [51] onde Rubens é o «peintre parfait», destacado sobretudo pelas qualidades da rápida e expressiva execução (*fa presto*), pelo claro-escuro, pelo colorismo e carnação.[52]

5. Mundo, realismo, imersão

Mas, como nos diz Burckhardt (e, de outro modo e para outras consequências argumentativas, Michael Fried),[53] é sempre a Caravaggio que temos de regressar. Ou seja, é Caravaggio o «acontecimento»: enquanto inventor de um naturalismo realista vulgarizador, para Burckhardt; ou enquanto inventor de um espaço pictórico em si e para si mesmo absorvido quando figurativamente se desenrola. Este tópico da absorção é descrito por Michael Fried, em *Absortion and Theatricality: Painting and Beholder in the Age of Diderot* (1980), a partir de Diderot; é uma das duas formas fundamentais da pintura da época; seja, nos *Salons* de Diderot, há perspicazmente dois tipos de pintura:

> A primeira, ou concepção *dramática*, apela para o estabelecimento de uma ficção que pressupõe a inexistência do espectador em e através da representação persuasiva de figuras absolutamente absorvidas nas suas acções, paixões e actividades, sentimentos ou estados de alma. ([...] fortes medidas são requeridas com o objectivo de persuadir as audiências contemporâneas de que uma figura ou um grupo de figuras possam *estar* tão absorvidos.) De todas as formas possíveis, tal ficção guia-se por subsumir as figuras numa estrutura composicional unificada, conferindo assim à pintura no seu todo o carácter de um sistema fechado e auto-suficiente.[54]

A segunda tipologia de Diderot, ou pastoral, não é tão relatada com o caso Caravaggio (não analisado por Diderot, recorde-se), pois trata-se de uma absorção literal, ou seja, não no quadro e na sua representação interior (onde o espectador é «ignorado» pelos representados), mas do quadro em relação ao espectador – diz Diderot haver um tipo de pintura em que o espectador se sente no seu interior quando a contempla; trata-se geralmente de um tipo paisagístico exponenciado pela pintura de Hubert Robert.

A primeira hipótese, a de uma pintura auto-absorta, em certos pontos da obra de Fried, torna-se como que fundadora da própria arte moderna, porquanto ao ficcionar a ausência do espectador esta pintura (e, no tempo de Diderot, tal significava Chardin, Greuze, Van Loo, etc.) é eminentemente antiteatral. Contudo, ao estudar Caravaggio, Fried vê nele desenvolta essa absorção ou imersão, mas não propriamente uma radical antiteatralidade à maneira de Diderot (o que levará Fried a considerar que cada período inventa e inventaria os seus próprios problemas, ou «perguntas-respostas» pictóricas, podendo mesmo existir uma absorção/

imersão teatrais). Fried encontra exemplarmente essa absorção/imersão em Caravaggio logo numa das obras da fase inicial de Caravaggio, o *Rapaz Mordido por um Lagarto* (1595-96, de que, como se sabe, há duas versões: uma na National Gallery, outra na Fundação Roberto Longhi). Apoiando-se numa hipótese de Baglione (que diz ter Caravaggio, neste período de chegada a Roma vindo do norte de Itália, arranjado estadia no atelier do Cavaliere d'Arpino onde realizou vários auto-retratos utilizando espelho), Fried vê nesta obra um auto-retrato de Caravaggio que se representa em dois tempos: primeiro tempo, partindo do princípio de que a mão esquerda figurada na pintura é a direita do pintor, trata-se aqui de representar o pintor-modelo executando a sua obra; num segundo tempo, o pintor (o pintor-modelo ou o «rapaz mordido») separa-se da sua tarefa e olha a sua pintura espantado como se a visse pela primeira vez. Ou seja, o autor está ao mesmo tempo fora e dentro da pintura.[55]

Em Fried (que segue Roberto Longhi neste aspecto), o realismo de Caravaggio não se prende ao naturalismo de que falava Burckhardt, nem à fidelidade ao modelo de Bellori; o realismo de Fried e Longhi prende-se aqui, e noutras obras decisivas, a este olhar fixante de um momento de clímax; ou seja, o momento caravaggesco sobrepõe-se à ideia – a esse instante gravado na pintura chama Fried de «momento Caravaggio»; eu chamaria de «acontecimento Caravaggio» (a que acrescento a invenção do que denominarei uma «luz sem nome»). Recorro aqui ao termo «acontecimento» tal como proposto e definido na filosofia de Alain Badiou.

6. A via do «acontecimento»

Em Alain Badiou, o acontecimento, fenómeno aparentemente rupturante (que nunca o é *em absoluto*, pois tem de conter elementos da situação existente/estável anterior, ainda que imperceptivelmente transformados), tem por características ser indiscernível (não sabemos como começa, nem como acaba, e quando emerge ainda se enevoa na situação presente), inominável (qual é o nome do inédito?), indecidível (a fidelidade de um sujeito em relação a um acontecimento não reside na base de uma decisão explicável) e universal ou genérico (ele ambiciona todo o espaço da situação anterior, pois, por exemplo, na política, a igualdade é uma das suas formas). O acontecimento tem quatro nomes próprios: revolução, paixão, invenção e criação, a que correspondem quatro domínios da nossa actividade ou questão humana: a política, o amor, a ciência e a arte. Contudo, neste universo pictórico, o caravaggesco, estes elementos intercambiam-se; logo, a obra caravaggesca é, do mesmo modo, criação, invenção, paixão, devoção católica e revolução. Quando dizemos que o artista inova, dizemos que ele faz algo despontar de um lugar «vazio» onde antes essa invenção era impensável eclodir (impossibilidade que é pois uma forma de «vazio»).

Ontologicamente, diferentemente da unidade da Santíssima Trindade no plano religioso, dizemos com Badiou que o ser é um múltiplo puro e não Uno; não sendo uma unidade, ele não «conta por Um»: é um múltiplo puro, logo é uma entidade inconsistente (que tem o conjunto vazio Ø como «nome próprio»). Logo, o que está à nossa volta é o conjunto desta inconsistência e deste vazio, a situação. E Badiou diz mesmo que a ontologia, o conhecimento do ser, é a situação. Esta estabiliza-se, ambiciona estabilizar-se na repetição. Mas a sua, digamos, «potência» não o permite. Deste vazio, e sem periodicidade, emerge por vezes uma novidade tal que o conhecimento não consegue e nem pode explicar. Ora, tentarei mostrar, muitas das inovações caravaggescas resultam – proponho – desta dinâmica, falando da composição aparentemente sem estudo prévio, mas, paradoxalmente, de um rigor maníaco; falando da luz e da carnação «plana», entre outros diversos tópicos.

III
A LUZ SEM NOME

III

A LUZ SEM NOME

O acontecimento, como realidade emergente abruptamente inédita e inacessível a qualquer tipo de discernimento tem necessariamente de provir do vazio, porque a sua novidade é injustificável (nenhuma justificação pictórica *racional* nos fala da «necessidade» do *tenebroso* caravaggesco, nem mesmo a necessidade de criar novas volumetrias, imaginando-a função hipotética desse novo *tenebroso*, como descreveram Mancini e Bellori); ele-próprio, acontecimento, é auto-reflexivo e efémero. O acontecimento não é uma «permanência estável», é antes a inauguração de uma sequência; a esse propósito, Wittkower designa-o mesmo como o estilo mais influente do seu tempo, apesar de ter sido mantido, como vimos e veremos ainda, por pouco tempo.

Ora, dizer que o *tenebroso* caravaggesco provém do vazio não significa que ele tenha vindo do nada: como o acontecimento está entre ele-próprio (novo) e a situação, diremos que a invenção caravaggesca também se pode relacionar (dizia-o Longhi) com a tradição luminista da pintura lombarda, tradição que chegaria a um ponto de esgotamento no final do século XVI, esgotamento superado pelo «acontecimento Caravaggio» tornando o luminismo em *tenebroso*. Como sabemos, o esgotamento é um ponto indiscernível de uma situação aparentemente estável de onde eclode algo inédito, precisamente o inédito imprevisível e inadiável denominado acontecimento.

Considerando esta definição de acontecimento segundo Alain Badiou, coloquemos em Esquema (recorrendo aos exactos conceitos de Badiou) o Acontecimento (geral) e o «acontecimento Caravaggio», empregando os mesmos parâmetros (**Esquema 1.** e **Esquema 2.**); julgo deste modo criar uma síntese explicativa das novidades caravaggescas no seu contexto epocal:

Esquema 1:

Trajectória	SER →	ACONTECIMENTO
MÚLTIPLO PURO → (O puramente dado, sem simbolização e estrutura, *sem «UM»* / «UNS»: o ser)	SITUAÇÃO → (*Conta-por-um*, começamos a estruturar a simbolização; simbolizar é (re)duplicar o existente; torná-lo em estado; passo infalível para o excesso-estado da situação)	ESTADO DA SITUAÇÃO EXCESSO DA SITUAÇÃO (*Estado-estado*; na passagem da situação ao seu estado, cria-se sempre uma estrutura excessiva)
→ CONVERSÃO DO EXCESSO EM VAZIO → (Ou *processo dialéctico excesso-vazio*: 1) o excesso advém de uma organização – toda a organização é excessiva deste modo: a representação sobrepõe-se à presentação; 2) mas o excesso também é superado – e é responsável ou causa disso – por aquilo que lhe escapa: quando a presentação se sobrepõe à representação)		VAZIO →
→ SÍTIO DO ACONTECIMENTO → (É sempre oriundo do «interior» da situação)		ACONTECIMENTO → (Constituído por: nome, objectivo, operador, sujeito)
→ VERDADE →	SUJEITO DA VERDADE	

Esquema 2 (onde me sirvo do exemplo CARAVAGGIO para tornar claro os tópicos do esquema anterior) :

Trajectória   SER →   ACONTECIMENTO

(Exemplo: «Acontecimento Caravaggio)

MÚLTIPLO PURO →
(A produção artística antes de se tornar história e, concretamente, história da arte)

SITUAÇÃO →
(o nosso *case study*: a pintura italiana no final do séc. XVI)

ESTADO DA SITUAÇÃO
EXCESSO DA SITUAÇÃO
(Cânone e outros movimentos: de Rafael, o paradigma clássico, seguidor de Leonardo, e herdeiro do *quattrocento*, de Perugino e Piero; de Rafael, que liga o belo estético ao "humanamente bom" [Freedberg] a Miguel Ângelo; neste identificaremos alguns momentos da abóbada da Sistina e do *Juízo Final* configurando o maneirsimo e antecipando o barroco: o *contrapposto,* a figura *serpentinata,* a composição sem hieratismo *quadro vivente,* etc)

→ CONVERSÃO DO EXCESSO EM VAZIO →
(O cânone não se impõe aos movimentos circundantes)

VAZIO →
(O que reside entre o maneirismo e o barroco: aquilo sobre o qual nenhum dos dois prevalece)

→ SÍTIO DO ACONTECIMENTO →
(As três obras realizadas por Caravaggio para a Igreja de San Luigi dei Francesi, 1599-1602; ainda *Sta. Catarina de Alexandria,* 1597)

ACONTECIMENTO →
(*Nome*: Caravaggio e o luminismo tenebrista
Objectivo: intensificação de relevos e volumetria [Mancini, Bellori] como processo inédito de modelação; reivenção da opticalidade; **invenção de uma luz sem nome**
Operadores: luz e obscuridade como entidades diferentemente substanciadas)

→ VERDADE →
(. *Indiscernível*
. *Inominável*
. *Indecidível*
. *Genérica*:
o claro-escuro sempre existiu, mas nunca foi tema central da matéria pictórica)

SUJEITO DA VERDADE
(Caravaggio e o caravaggismo)
. Ribera
. Artemisia Gentileschi
. Caracciolo
. Valentin de Boulogne (entre outros)

7. A via do «acontecimento» (II)

O claro-escuro (utilizemos por agora este termo genérico e não o especí-fico *tenebroso*) foi introduzido na pintura tardo-maneirista ou proto-barroca por Caravaggio e continuado por pintores como Baglione (1570-1644) **(Fig. 6.)**, Valentin de Boulogne (1591-1632), Jusepe de Ribera («Jusepe» na forma valenciana, «José» em castelhano e «Giuseppe» ou *Lo spagnoletto* na Itália onde viveu e trabalhou, 1591-1652), Dirck van Baburen (1595-1624), Giovanni Caracciolo (1578-1635) **(Fig. 7.)**, Artemisia Gentileschi (1563--1639) **(Fig. 8.)**, La Tour (1593-1652) ou Rembrandt (1606-1669), entre outros[56] (e, prolongando, podemos ainda seguir a pista da influência ou modalidades em que Caravaggio é frequentemente citado na produção artística contemporânea, sequência analisada em trabalhos de Mieke Bal, a destacar).[57] O claro-escuro de Caravaggio, dizia, é aqui considerado, numa contextualização dinâmica (mas não «progressivista», relembrando a crítica de Greenberg à ideia de «progresso em arte») da história da arte e da pintura em particular, como acontecimento, irrupção de uma verdade e uma invenção inédita.

Friedlander, nomeadamente, no início dos seus *Studies*, apresenta-nos deste modo três tópicos essenciais que acompanharão por muito tempo os estudos caravaggescos: a inovação [1], o anticlassicismo [2] e as questões biográficas [3]. Citemo-lo:

[1] A sua influência, directa ou mais frequentemente indirecta, está pre-sente em incontáveis pinturas dos séculos dezassete, dezoito e dezanove que revelam posturas realistas e naturalistas. O impacto enorme da sua arte nas gerações posteriores, em Espanha e no norte da Europa ainda mais do que em Itália, é bem conhecido.

[2] Não obstante tudo isso, muitos críticos e académicos condenaram a «vulgaridade» das pinturas de Caravaggio, por vezes acompanhados de indignação moral, isto desde a biografia de Bellori no século XVII até ao *Cicerone* de Burckhardt no século dezanove. Estando todos eles ligados a um ideal de beleza standard, encontravam em Caravaggio não mais do que um «imitador da natureza», e acusaram-no de ter destruído o «bom gosto». (...)

[3] (...) sinto que ainda não chegou a altura [em 1955] para redigir uma conclusiva e compreensiva biografia de Caravaggio. Esta empresa não se deve confinar à recontagem dos factos da sua vida, à fixação das datas dos seus trabalhos e ao estabelecimento da sua sequência na base de uma documental evidência estilística. Devemos esforçar-nos por explorar o sentido e significação de todas as suas pinturas no contexto do seu período, compreendendo como é que a tendência espiritual de cada uma delas difere das concepções de artistas precedentes.[58]

A sobreexposição lumínica tenebrista (*quasi*-insubstancial, para Wittkower, e inominável digo-o eu) de Caravaggio alicerça-se ou reforça--se, como Friedlander cita de Henry Fuseli, na mesma página da citação anterior – «darkness gave him light» –, na dependência de uma obscuridade completa (obscuridade que suponho mais fortemente simbólica do que a luz), que é sempre um fundo plano e, ao mesmo tempo, o espaço sem fundo da pintura (além do quadro, como a considera Michael Fried). Ou melhor, a obscuridade caravaggesca não parece poder ser considerada fundo, uma vez que é antes o elemento insubstancial que recorta a luz (também ela sem nome), um elemento cuja insubstancialidade não se relaciona com a luz que recorta. Luz que contém vida (formas, corpos) e obscuridade que é intrespassável pela luz, sendo antes uma «ausência de vida», por isso se dirá que a luz-sombra do pintor formam um par até então desconhecido, em nada recordando nem obedecendo ao anterior gradativo *sfumato*, nem a nenhum tipo de espaço ou atmosfera.

Michael Fried fala da luz e da sombra de Caravaggio como entidades formais não interdependentes, prolongando a tese de Longhi de que ambas são entidades autónomas. E, consequentemente, partimos para a consideração de três entidades formais: *a forma das formas*, corpos e coisas; *a forma da luz* e *a forma da obscuridade*. Porque, pela primeira vez, deparamos com uma pintura em que obscuridade e luz possuem formas próprias do mesmo modo que os corpos e as coisas. Ou melhor, luz e sombra, que habitualmente (ou sempre) têm por missão definir formas, figuras, volumes ou espaços são, já desde o «início», formas «acabadas». Portanto, a luz e a sombra que geram formas, são elas próprias formas

– são formas que geram formas. Logo, esta pintura funciona como que numa *mise-en-abyme*: ela é constituída por formas e figuras que incorporam formas e figuras. Incorporam e são. Formas em dois tempos, por isso pôde Michael Fried, no seu último livro (que desenvolve um ensaio de 1997) descrever o *Rapaz Mordido por um Lagarto* como acabei de assinalar: o pintor pinta e observa-se a pintar.[59]

O *tenebroso* de Caravaggio é pois um facto pictórico inédito (adiante denominá-lo-ei «luz sem nome») e não relacionável com nenhuma hipótese até então recorrente de modelação volumétrica segundo habituais gradações de luz-sombra, de Giotto e Van Eyck ou, sobretudo, Leonardo. Recuemos seguidamente à matriz deste processo de modelação, e vejamos a sua origem. O termo *chiaroscuro* [de que utilizo sempre o português «claro-escuro»] foi cunhado por Filippo Baldinucci (1624-1696), desenhador, historiador de arte e importante biógrafo de artistas (Bernini e Poussin, entre outros). Baldinucci foi autor de vários livros que nos vão interessar de que poderia citar dois, sendo o segundo aquele que faz referência ao claro-escuro primeiro como trabalho de modelação essencialmente monocromático: *Notizie de'Professori del Disegno, da Cimabue in qua* (6 volumes, Florença 1681-1728) e *Vocabulario Toscano dell'Arte del Disegno* (vol. 1, Florença, 1681).

Refere-se Baldinucci neste último trabalho a um tipo de pinturas monocromáticas (ou seja, à contenção da imagem em valores de cinzento, onde a modelação se efectua somente por meio da alteração de intensidades lumínicas) conhecidas como *grisailles*[60] destinadas a preencher determinados espaços de acordo com a arquitectura geral que então determinava a integração da pintura, *grisailles* que eram quase sempre constituídas por figuras alegóricas; a *grisaille* é uma pintura basicamente imitativa da escultura. São exemplos a série de *Vícios e Virtudes* de Giotto para a Capela Scrovegni, de Pádua, ou os *trompe l'oeils* escultóricos integrados em nichos de S. João Baptista e S. João Evangelista do altar de Ghent de Hubert e Jan van Eyck (ver parte inferior do políptico fechado).

Diferente do *sfumato*, a *grisaille* foi, no fundo, uma das mais elementares formas de modelação e sugestão tridimensional de uma figura e respectivo panejamento a partir de distintos valores luz-sombra, ou seja, foi o primeiro entendimento do claro-escuro, de certo modo ainda mais ligado à escultura do que à pintura. O que conhecemos como *grisaille* (afim do processo *en camaïeu* empregue na gravura) será posteriormente superado pelo *sfumato*, sendo este um procedimento já inventivamente pictórico, ou melhor, um procedimento que é já a consequência de uma sabedoria óptica, perceptiva e cromática ao serviço do pictorialismo. Já Plínio, o Velho, referia a sombra (implicando de imediato a luz) como estando na origem da pintura, tendo esta nascido de uma linha de contorno que destacava a sombra.[61]

Posteriormente, o *sfumato* ultrapassaria o valor simbólico ou alegórico deste recorte e desta valorização primordial da sombra, aproximando-se do natural. O *sfumato* é referido por Vasari como exemplo da perfeição da pintura de Leonardo, autor que o inventou e usou como resposta a alguns problemas que a definição de pintura lhe colocava.

8. O *sfumato* estiolado ou o novo infinito

Vejamos como define Leonardo as intenções ou objectivos primeiros da pintura e, depois, lendo e meditando nas consequências das suas ideias, caracterizemos então o lugar muito particular da obra de Caravaggio (tardo-renascentista?, maneirista?, protobarroca?...), nomeadamente no que respeita ao seu sempre referido anticlassicismo. Por outro lado, e retomando o já analisado conflito entre Félibien (partidário de Poussin e do primado do desenho) e Roger de Piles (defensor do colorismo de Rubens), pensemos também numa matriz possível para a pintura de Poussin justificativa da sua reacção adversa a Caravaggio e ao caravaggismo (pois é na «Entretien VI» de *Entretiens sur les Vies et les Ouvrages des plus Excellents Peintres Anciens et Modernes* que Félibien nos dá conta da célebre declaração de Poussin sobre Caravaggio, aquele que, para o francês, teria vindo ao mundo para «destruir a pintura»).[62] Diz-nos Leonardo que «uma pintura contém duas componentes essenciais: temos primeiro a fixação de um contorno a rodear as formas dos corpos sólidos, contorno esse que requer, acima de tudo, dotes desenhísticos; em segundo lugar vem o sombreado».[63] Sabemos ainda, Leonardo confirma-o nomeando-o, que esse sombreado, no fundo o claro-escuro, faz emergir na planitude da pintura uma impressão/sugestão de volumetria, e é esse gesto de fazer «escultura» através do claro-escuro e sombreado que deve ser valorizado numa pintura, e nunca a beleza do colorismo, que, diz ainda Leonardo, se destina somente a «agradar às massas ignorantes».[64] Mas o claro-escuro tem regras próprias e a ele deve aplicar-se o princípio do *sfumato*, de que Leonardo, tenha ou não sido o seu inventor, foi o primeiro cultor de todas as suas possibilidades (nomeadamente ópticas).

Antes de o abordarmos nos seus efeitos plásticos que pressupõem um inédito entendimento da relação entre a luz e a sombra, vejamos alguns aspectos do complexo estudo de Leonardo acerca dos vários tipos de sombra, anunciando aí já a hipótese do *sfumato*, pois nunca em Leonardo a interacção luz-sombra pode admitir entre ambas um recorte claro e linear (à maneira de Caravaggio). Nos seus escritos, considera Leonardo a existência de sombras originais e derivadas. Começa o autor por explicar que todos os corpos opacos estão rodeados de sombra e luz, o mesmo acontecendo naturalmente ao tipo e forma das superfícies que os constituem. As sombras originais são pois aquelas que revestem os corpos aos quais se ligam (a que dão forma e configuração); as sombras derivadas resultam das originais – são os «raios de sombra» (que correspondem a zonas mais ou menos iluminadas) que se propagam pela atmosfera. O lugar onde assentam estas sombras projectadas ou derivadas está, por sua vez, cercado de luz (a luz rodeia a sombra, portanto – e em Plínio, recordemo-nos, essa tarefa cabia à linha); esta luz vai entretanto reflectir-se na sombra original e modificá-la.[65] Ora, esta permanente relação e interacção transformadora entre a sombra e a luz vai permitir obviamente a Leonardo concluir que há sombras cujo contorno tem de ser esfumado e imperceptível.[66]

O *sfumato* é uma técnica e um resultado (um tipo de imagem, um tipo de pintura) que corresponde não apenas a uma opção estética, mas, acima de tudo, à realidade, à realidade perceptiva, ao modo como a vemos (ou julgamos que ela seja). Como técnica, o *sfumato* corresponde a um tipo concreto de efeitos definidores de profundidade, distância, forma e volume através de uma complexa distribuição de camadas, velaturas e vernizes, que fazem com que as tonalidades e valores de uma cor e entre cores, que assinalam volumetrias e vários planos, evoluam gradativamente e muito subtilmente («como fumo dissolvendo-se no ar») tornando imperceptível a passagem da luz para a obscuridade. Esta gradação luz-sombra, *porque gradação*, tem de processar-se sem linhas de contorno ou delimitações fortes. O *sfumato* é uma técnica de modelação e de aplicação do claro--escuro gradual e nunca *dramática*. Referimos já que a obra de Caravaggio posterior aos trabalhos referidos a S. Mateus na Capela Contarelli da Igreja de S. Luís dos Franceses (Roma, 1599-1602) **(Fig. A., 9. – detalhe de A., 10. e 11.)** sofreu uma brusca alteração quando comparada com as naturezas-mortas ou retratos de músicos adolescentes do período anterior. Essa alteração processou-se claramente num sentido contrário à relação sombra-luz gradual do *sfumato*, que Caravaggio se encarregará aí de implodir, criando um acontecimento: a passagem do *sfumato* ao *tenebroso*. E ignorando ainda, noutro plano, o colorismo veneziano.

Caravaggio criou uma nova articulação entre uma inédita sobreexposição lumínica e uma obscuridade infinita (que se liga ao exterior – infinito – do quadro, o nosso espaço, algo transcendentalizado, seguindo o raciocínio de Michael Fried), fazendo com que essa articulação passasse a impossibilitar o princípio do *sfumato*. A sua luz, direccionada de uma fonte determinada mas impossível de fixar a origem pela sua intensidade insubstancial, parece por vezes emanar dos próprios corpos destruindo a clareza dos seus pormenores e modelação. Cria assim Caravaggio ainda um outro acontecimento: a oposição entre o par luz/claridade e a clareza. A luz irreal de Caravaggio, paradoxalmente, é uma forma de obscurecimento, porque impede na pintura a existência de zonas de clareza – e bastaria, para de tal nos certificarmos, encetar uma comparação entre os corpos lisos e sobreexpostos à luz de Caravaggio e a carnação de Rubens **(Fig. 12.),** usando este uma luz uniforme que lhe permite definir visualmente a carne e, ao mesmo tempo, inventá-la[67] através de uma agitação gestual/formal que nunca interessou ao pintor italiano. Ora, é também esta oposição caravaggesca à clareza dos detalhes das formas e da modelação (que resulta excessivamente marcada, «petrificada», por vezes hierática) que faz da sua luz algo entre o visível e o invisível, não sendo um nem outro. E deparamos, na pintura, com aquilo que eu chamo de *caminho aberto à invisualidade,* nem visível nem invisível, antes um saber pictórico escondido, ocultado (invisível, portanto), mas marcante no resultado final.

Entendo que a clareza se liga à iluminação uniforme, o que deixa de existir em Caravaggio depois das pinturas da Capela Contarelli. E, sublinhe-se ainda que, no contexto da pintura de claro-escuro, há muito pouco em comum entre a luminosidade caravaggesca e a de Rembrandt (ou mesmo a de Velázquez, por vezes estranhamente ligado a uma influência caravaggesca, algo que o relato de António Palomino das viagens do pintor espanhol a Itália não confirmaria – aliás também Berenson nos vem relembrar, numa tese exclusivamente sua, que Velázquez, Vermeer e Rembrandt aprenderam com Caravaggio, mas, quanto à luz, souberam evitar os excessos do predecessor e inovador lombardo).[68] Ora, esta ideia confirma-se ao sabermos que em Leonardo e Cennino Cennini[69] a luz uniforme contribui para a clareza das formas e da leitura dos seus detalhes, sendo ainda uma aliada da realidade.

Pelo apontado, é fácil concluir-se que a figura caravaggesca é mais «talhada» do que modelada, e teria razão Berenson, muito indirectamente e apesar dos seus erros, em falar-nos da estaticidade de Caravaggio, uma estaticidade que denomina arcaica, factor distinto do «arcaizante»[70] – estaticidade que, diga-se, é termo não aplicável à maneira como se nos oferecem as cenas, pois o pintor, para cada episódio, escolhe sempre o seu clímax (sublinhe-se, *sendo este clímax a sua única aproximação ao realismo na cena*) mas estaticidade do movimento/composição da/ na cena (quase sempre segundo eixos verticais e horizontais), o que o coloca nos antípodas de um Rubens, o mais autêntico dos artistas barrocos para Berenson;[71] a sobreexposição lumínica confere a cada corpo um facetamento abrupto e a passagem da luz para a obscuridade recusa e contraria a gradação subtil preferindo o recorte; nalgumas obras, Caravaggio terá mesmo usado sulcos e marcações, de diferente grau de perceptibilidade, separando as zonas de luz das de obscuridade, o que sinaliza uma passagem cortante luz-sombra. Sombra e luz parecem, por vezes, «geometrizar» a volumetria, bem como negar ou «alisar» a subtileza dos seus detalhes, que muitas vezes desaparecem.

A carnação caravaggesca distingue-se absolutamente de Rubens: a luz irreal de Caravaggio banha os corpos de forma tão incisiva que deles faz desaparecer protuberâncias, musculação e todo o tipo de texturação ou imperfeições na pele existentes: vejamos atentamente três obras de três diferentes períodos: o jovem *S. João Baptista*, de 1597-1598 (da Catedral de Toledo), que assinala o fim de uma fase de juventude que luminica-mente já permite antever as obras da Capela Contarelli – a lisura da sua carnação é evidente e não se justifica apenas por se tratar de um modelo jovem; vejamos ainda a mesma lisura impressiva na carnação do *Cristo da Coroação de Espinhos*, de 1603 (Kunsthistorisches Museum, Viena), lisura que é comum às zonas em sombra e iluminadas no mesmo corpo; a luz intensa abaixo da orelha direita de Cristo, banhando o pescoço até á clavícula (marcada) não permite identificar nenhum detalhe anatómico que deixe perceber a separação entre o rosto, o maxilar e os músculos do pescoço (inidentificáveis); por fim, um caso extremo do último ano de vida do autor: a que Mina Gregori aponta como a sua última obra, o *Martírio de Sta. Úrsula* (Banca Commerciale Italiana, Nápoles) **(Fig. 13.)**; temos cinco figuras contando com a santa, e em todas elas, ou porque a luz assim o determina (sendo muito confusa a localização da sua fonte) ou porque algumas estão de perfil, apenas um de seus olhos é visível, para além duma pequeníssima parte dos seus rostos; praticamente todo o quadro está mergulhado em obscuridade profunda, evitando como sempre Caravaggio (e ao contrário do posterior claro-escuro de Rembrandt) que alguma coisa possa ser discernível na obscuridade (o que mergulha na obscuridade é como se não existisse, *desvitaliza-se*), pois o claro-escuro caravaggesco não admite valores intermédios. A santa que foi martirizada por um frecheiro bárbaro (Uno) tem as suas duas mãos sobre o peito, os dedos entrelaçados nas suas pontas, e abaixo do ponto de impacte da flecha que a matará. A modelação e os detalhes anatómicos das mãos, como do seu rosto, são reduzidos ao mínimo, desaparece-lhe mesmo todo e qualquer sinal de cor, ficando os respectivos volumes definidos por primitivas gradações de luz-sombra expressivamente «imperfeitas», gradação que confere às mãos uma plana e estranha esfericidade. A luz que ilumina a cena é de todo irreal e impossível de definir, limita-se a salpicar as personagens em pequeníssimas áreas. Se, em obras anteriores, a escassez de detalhes anatómicos se devia à sobreexposição dos corpos à luz, aqui Caravaggio inventa uma luz e uma anatomia próprias, uma luz que nos deixa na indefinição entre a luz e a cor (cor branca?, que branco?).

Tal nunca se dirá de Rubens, pois a sua luz é real e homogénea e a sua carnação é exaltadamente detalhada. Svetlana Alpers lê a carnação de Rubens de forma muito pertinente: para a autora, a Rubens não interessa nunca a caracterização da carne como uma *superfície* (o que ocorre frequentemente em Caravaggio), mas antes como uma *matéria*. Os excessos da carnação rubensiana são justificados pela necessidade sentida pelo autor de desvalorizar a superfície dos corpos. A Rubens interessará a carne como matéria e peso, aqui apresentados como aquilo que é comum aos humanos, aquilo de que todos somos feitos.[72]

Quase sempre a relação entre luz e sombra em Caravaggio convoca sombras e recortes antitéticos ao *sfumato*. E a claridade, porque sempre excessiva onde surge (ou *emerge*), elimina a clareza eliminando pormenores. Entretanto, considere-se uma tomada de posição histórica ou política a partir deste ponto. Caravaggio, ao contrariar a modelação defendida por Leonardo em nome da clareza clássica e renascentista, afirma também, porque não?, um princípio intelectivo oposto à luz e harmonia clássicas, rasurando politicamente o antropocentrismo renascentista (e a sua inominabilidade pictórica, também o retira do âmbito do maneirismo ou do barroco).

Se evocarmos o tema central da claridade do mundo grego, por exemplo tratada em Hans Blumenberg (para o autor a claridade do mundo grego era primordial, era um *a priori*, sendo a «dúvida» resultado da experiência do pensar, porque no início de tudo apenas havia claridade) e em Eric Auerbach (que retoma, da *Odisseia*, o episódio do regresso de Ulisses, o qual quando enfim é chegado a Ítaca vê a clareza do seu mundo e actos igualmente sobrepor-se à dúvida),[73] como disse, vemos que Caravaggio contribui para a neutralização daquilo que o Renascimento herda do mundo grego, em termos do tratamento das figuras, do seu tempo e espaço.

A coerência, o rigor e a realidade (ou o convincente realismo) da luz são pictoricamente determinantes, como mostrou Cennino Cennini, no seu *Il Libro dell'Arte* (cerca de 1390). Ocupa-se Cennini no capítulo VIII desta sua obra da preparação e colocação ideal do suporte em face da direcção da luz, preocupando-se o autor com o modo como ele a deve receber; resumidamente, se o artista usar a mão direita, a luz deve então provir suave e difusa [sublinhe-se, *suave e difusa*] do lado esquerdo, mantendo o suporte sem sombras perturbadoras (nomeadamente da mão que intervém na execução da obra). A luz na pintura, tal como descrita por Cennini, logo desde a preparação e colocação do suporte, é uniforme, clara, difusa (uma gradualidade) e homogénea.[74] E tal homogeneização deve ser suficiente para impedir sombras despropositadas ou inoportunas, precisamente aquelas que Caravaggio exponenciará, nelas mergulhando as figuras, ou com elas «salpicando» a pintura e a sua cena (é aqui paradigmático o *Martírio de S. Mateus* da Capela Contarelli, 1599-1600, ou outras obras com elevado número de figuras).

9. Um verdadeiro acontecimento: a pintura inventa a sua própria luz (um corpo único e indecidível)

Retomemos uma premissa anterior. Em Caravaggio, quando uma parte do corpo recebe luz recebe-a *sempre* na máxima intensidade; não a totalidade do corpo, mas a zona iluminada afigura-se-nos por isso *plana*, quando é, de facto, um volume acidentado, rugoso e de alguma forma mais ou menos texturado, em suma, específico e individualizado nas suas particularidades. Dessa intensidade ou sobreexposição lumínica como a defini, do recorte que a confina, Caravaggio passa para uma obscuridade extrema e desvitalizada (seguindo a definição de Wittkower) que circunda o visível iluminado, sendo que luminosidade e obscuridade (John Rupert Martin liga-as, Fried fala em dialéctica e Wittkower separa-as, note-se), ambas, conjugando-se como se conjugam, vedam-nos o discernimento das particularidades do real, pois diversamente de Rembrandt (legítimo herdeiro da luz de Ticiano e Tintoretto) Caravaggio nunca admite zonas de intermediação – o seu claro-escuro *invisualiza* as situações retratadas, terei de o considerar, pois os corpos devolvem-nos uma luz indeterminada que quase cega, que não permite visualizar detalhes, mas também não torna a cena invisível (e a invisualidade é esse plano ou momento que não se deixa ver, contudo não se reduzindo à invisibilidade). Nunca há invisibilidade na obscuridade profunda de Caravaggio, pois este dá forma a esse fundo que parece remeter para o infinito; assim, da luminosidade faz Caravaggio um novo tipo de obscuridade, pois, como sabemos (de Platão a Bataille), o excesso de luz cega-nos, retira-nos do visível, por vezes conduz-nos à morte (no mito de Ícaro). Concluiremos que obscurecendo a obscuridade e obscurecendo a luminosidade, Caravaggio faz da obscuridade o seu lema. O seu corpo e forma.

Quando John Rupert Martin[75] nos diz, confirmando Wittkower, que a luz caravaggesca é de fonte e natureza indefinida, também nos diz algo que sabemos claramente – que Caravaggio nunca utiliza fontes lumínicas identificáveis e conhecidas, como velas, tochas, etc., o que nos faz pressupor que é o corpo ou o objecto a sua própria fonte de luz, concluindo-se que *a luz de Caravaggio é uma emanação da carne*. Mais uma vez, tornando-se ela – a carne – luz, opõe-se à massa carnal de Rubens, ao seu peso e *densidade humana* exacerbada (a matéria). Também num poema (de Marino) citado por Bellori que, como afirma e muito bem M. Morán Turina, ao próprio Bellori contradiz, é referido que Caravaggio cria e não copia, inventa a luz e não a transporta da natureza:

> Fecer crudel congiura
>
> Michele danni tuoio Morte, e Natura;
>
> Questa restar tema
>
> De la tua mano in ogni imagin vinta,
>
> Ch'era da te creata, e non dipinta;
>
> (...)

> Morte e Natureza cruel conjura
>
> Aprontaram Michele
>
> A Natureza teve medo
>
> Que a tua mão a superasse em todas as imagens
>
> Tu criaste, não pintaste;
>
> (...)[76]

É neste sentido que os corpos de Caravaggio têm uma luz que neles é originada; daí que alguém tenha sugerido que estes corpos não são cópias do natural nem de nada nomeável, mas criados a partir do nada (por isso é que Morán Turina estranha que Bellori, que assim não pensa, tenha citado Marino). Mas que luz inventou então Caravaggio? Poucos como Rudolph Wittkower tão bem a definiram:

Pouco tem sido dito até agora sobre a mais notável e, ao mesmo tempo, o mais revolucionário elemento da pintura de Caravaggio, o *tenebroso*. A partir das suas primeiras encomendas monumentais [desde 1599], ele transformou a luz e a claridade do seu inicial estilo romano num novo procedimento aparentemente mais ligado ou mais próprio do imaginário religioso, temática central da sua obra desde esse momento. As figuras passaram então a ser construídas numa semi-obscuridade, passou a existir uma luz forte caindo sobre elas, modelando-as e conferindo-lhes uma robusta qualidade tridimensional.

Ao princípio, inclinamo-nos a concordar com o tradicional ponto de vista que afirma possuir a sua luz uma forte carga realista; a luz parece provir de uma fonte concreta, tendo sido também sugerido que Caravaggio realizou experiências com a câmara-escura. Análises mais detalhadas, não obstante, mostraram que a sua luz, de facto, não é realista como a de Ticiano e Tintoretto. Em Ticiano e, mais tarde, em Rembrandt, a luz e a obscuridade são da mesma substância; a obscuridade apenas necessita de luz para se tornar tangível; a luz pode penetrar na obscuridade e tornar o espaço da penumbra uma experiência vivida. Os Impressionistas descobriram que a luz criava atmosfera, mas a sua era uma luminosidade sem obscuridade e, portanto, sem magia. Com Caravaggio, a luz isola; não cria nem espaço nem atmosfera. A obscuridade nas suas obras tem uma natureza negativa. A obscuridade é o espaço onde a luz não existe, e por isso esta como que embate (*strikes*) nas suas figuras e objectos como se se tratassem de coisas sólidas, de formas impenetráveis que não se dissolvem, dissolução que vemos em Ticiano e Rembrandt.

(...)

A luz irradia de um centro obscuro como se fosse constituída pelos raios de uma roda.

(...)

O modelo abstracto da luz caravaggesca tem precedência sobre a organização da tela. Esta luz irradiante é o «ancoradouro» da composição no seio da planitude da pintura.[77]

Diz Wittkower que a luz caravaggesca *determina a composição*. Ou seja, é a luz, esta luz, que organiza as próprias zonas de luminosidade (e obscuridade profunda e total, sem valores intermédios ou de mediação, como frequentemente se repete). Ou seja, pode-se concluir a partir daqui que dizer (e fazer/praticar) que a luz tem precedência sobre si própria é o mesmo que dizer que a luz é a própria pintura, porque a pintura é anterior à luz, ou seja, a pintura e só a pintura pode gerar a «luz pictórica» e esta «luz» é unicamente pictórica, ou seja: enquanto «luz pictórica» (e antes considerei este fenómeno como uma «luz sem nome»), esta luminosidade nega a existência (pelo menos na tela) da luz enquanto fenómeno físico. Isto é, a luz caravaggesca não se rege minimamente pelas características da luz tal como a conhecemos e sabemos, a luz caravaggesca não é uma «luz» fisicamente descritível.

Afirmei atrás que ela é uma «luz sem nome» porque consiste numa quádrupla negação: a) ela não é luz física, ou a luz descrita pelos físicos; b) ela não é uma luz de modelação (a qual teria de obedecer a valores de criação atmosférica, à geração, pela pintura, de uma atmosfera – aquilo que nunca existe em Caravaggio); c) ela não é igualmente uma luz simbólica/teológica; d) nem é uma luz genésica. Diferentemente de todas essas hipóteses, esta luz é única e exclusivamente uma produção e realidade pictórica, ela é a prova do livre arbítrio da pintura no seio do seu próprio espaço ou território (o *intrapictórico da pintura*). Vamos por partes.

Principiando. O que é a «luz física» ou a «luz dos físicos» (algo que, de certo modo, conhecendo-se as teorias de Eugène Chevreul, no *De la Loi du Contrast Simultainé des Couleurs* [1839], de Thomas Young e Helmholtz, ou a teoria da visão colorida tricromática – cores primárias: azul, verde, vermelho – Young-Helmholtz e o seu impacto no Impressionismo, podemos considerar ter-se manifestado na pintura, ou poder nela existir)? Passemos à definição da «luz física», seguidamente, considerando sempre que algumas das suas leis influenciaram determinados períodos ou modos pictóricos. Para definir esta luz dos «físicos» teremos de retrabalhar a noção de *luz visível*. Entremos pois neste território da física, que, repito, não explica na totalidade o trabalho ou a mobilidade retiniana exigida pelo Impressionismo (nem a correspondente lição filosófica de Bergson), mas certamente o influenciou – querendo isto dizer que ela não é de todo alheia à pintura, que a pintura por vezes convoca a ciência, quer na prática da perspectiva, quer mais tarde nalgumas aproveitadas lições de óptica.

A luz física é a luz visível que, como tal, é analisável. A luz física é a *luz visível* ou o *espectro visível*, sendo este uma pequeníssima parte de todo o espectro de radiações que se propagam no espaço e que a nossa vista na generalidade não alcança. Este vasto espectro de radiações forma-se desde as ondas rádio (radiações electromagnéticas que se propagam através de um comprimento de onda maior que os raios infravermelhos e são usadas nas comunicações rádio, televisivas e telefónicas) aos raios gama (uma radiação electromagnética produzida por elementos radioactivos). A luz visível, portanto, corresponde a uma pequeníssima parte do espectro electromagnético, a parte que pode ser captada pelo olhar. Considera-se que se situa entre os raios infravermelhos e os ultravioletas. Concretamente, a luz é uma radiação electromagnética que atravessa o espaço à velocidade de 300 000 km por segundo, podendo esta velocidade ser retardada no caso de a luz viajar num meio de grande densidade: considera-se entretanto a referida velocidade para um meio de vácuo perfeito.

Voltemos a Wittkower. Curiosamente, quer este autor quer Roberto Longhi negam a existência de tal vácuo, ou de todo e qualquer valor atmosférico na relação luz-sombra-obscuridade em Caravaggio. Porque, no pintor, e na sua *tenebrosa* invenção, a obscuridade é um corpo compacto (ou, numa relação figura-fundo, ela é também figura e não apenas fundo, nunca o sendo, com efeito), um corpo compacto onde a luz não existe, *um corpo-forma não trespassável*: uma compacticidade antitética ao vácuo dos físicos.

Vejamos mais dados da física que a (não) atmosfera caravaggesca nega terminantemente a existência. A luz propaga-se em formas de ondas mensuráveis do seguinte modo: usamos a expressão «comprimento de onda» para designar a distância entre as suas cristas superior e inferior (tal como acontece e se procede para com as ondas marítimas). Ora, se a espacialidade e obscuridade (total e nunca intermédia ou gradual) caravaggesca não é trespassável, teremos de aqui considerar um para-doxo: *nesta pintura nunca há luz*, ou seja, não há nela propagação da luz, porque a sua luz não pode atravessar a obscuridade através da qual embateria seguidamente nas figuras-corpos, corpos e carnação (carnação que é forçosamente luz e nunca «carne»).

O espectro visível é composto por mais de um comprimento de onda, o que é sabido desde que Newton mostrou que a luz branca do sol era composta e resultava de todas as cores espectrais, quando decompôs através do prisma óptico um feixe de luz branca de que resultou a sepa-ração das cores do espectro em tons que vão desde o extremo vermelho (cerca de 800 nm [nanómetros]), passando pelo laranja (cerca de 600 nm) amarelo e verde (600 a 500 nm), até ao azul e violeta no outro extremo. Culminando a sua experiência, Newton recombinou as cores, obtendo de novo a luz branca.

Ora, a luz branca de Caravaggio é a negação absoluta desta hipótese ou realidade física. Pois, uma vez que não existe numa atmosfera, ela não depende de nenhum foco identificável. É indecomponível e não mode-lável, o que acarreta consequências importantíssimas para a modelação pictórica ou sugestão representacional volumétrica. Ou seja, os brancos de Caravaggio não podem estar ao serviço de nenhuma modalidade da modelação, como conhecemos das *grisailles* («escultóricas») de Giotto, do *sfumato* de Leonardo ou do claro-escuro de Baldinucci.

O facetamento quase planimétrico das formas de luz-sombra inventadas pelo pintor, facetamento repartido entre a sobreexposição lumínica e o *afundamento* obscuro, ou, de outro modo, a rigidez quase planimétrica e geometrizante (o que quer dizer que uma marcação rígida separa sem-pre uma zona de luz de uma zona de obscuridade) de igual maneira não pode ser remetida a uma finalidade simbólica/teológica, nem genésica.

Propondo-se aqui uma distinção entre uma luz simbólica/teológica e uma luminosidade genésica, antes de retomarmos Caravaggio; resumidamente, a primeira anuncia a *presença* de Deus (ora, se olharmos para a *Vocação de Mateus* diremos exactamente o contrário: a luz apaga a presença do Cristo que apela a Mateus); por outro lado, a luz genésica anuncia um *trabalho* de Deus, uma sua realização e concretização.

A luz simbólica/teológica é-nos mostrada no *Génesis*, o *Primeiro Livro de Moisés*. E, ainda no *Génesis,* começaremos exactamente pelo início do livro, essencial para percebermos que há, como sublinha o bispo Grosseteste (*De Luce*),[78] uma outra luz primordial que não apenas a simbólica/teológica. Embora ambas sejam diferentes da luz do dia-a-dia (da tarde e da manhã). Simbólica ou genésica, a luz primordial, é *boa por si mesma*, mas não se dirá o mesmo das trevas genésicas, ou melhor, não são igualmente boas a luz a as trevas genésicas, pois não é destas que nos vem o mundo nem a presença divina. Citemos os primeiros versos do *Génesis*:

1. No princípio criou Deus o céu e a terra.

2. E a terra estava vasta e vazia, e havia trevas sobre a face do abismo: e o Espírito de Deus se movia sobre a face das águas.

3. E disse Deus: Haja luz. E houve luz.

4. E viu Deus que a luz era boa: e fez Deus separação entre a luz, e entre as trevas.

5. E Deus chamou a luz dia, e as trevas chamou noite: e foi a tarde e a manhã, o dia primeiro.

(...)

14. E Deus disse: Haja luminárias no estendimento do céu, para fazer separação entre o dia e a noite; e sejam por sinais, e por tempos determinados, e por dias, e por anos.

15. E haja luminárias no estendimento do céu, a alumiar a terra: e foi assim.

16. E fez Deus as duas luminárias grandes: a luminária grande, para senhorear no dia, e a luminária pequena para senhorear na noite; e as estrelas.

17. E Deus as pôs no estendimento do céu, para alumiar a terra.

18. E para senhorear no dia e na noite, e para fazer separação entre a luz e as trevas: e Deus viu que era bom.

19. E foi tarde, e a manhã, o dia quarto.[79]

De certa maneira, a luz de Caravaggio poderia situar-se algures por aqui, entre o simbólico e o genésico – não seria a luz do mundo físico quotidiano, dividido em dia e noite, mas a de um mundo inalcançável, indizível e indecidível. Mas o problema seria este, um novo problema: explicada a luz caravaggesca deste modo, ficaria tudo por dizer da obscuridade que é um corpo tão compacto que no seu seio não admite a luz (não há luz que trespasse a obscuridade caravaggesca). E é tão compacto que não pode de maneira nenhuma ser reduzida à função de «fundo» (o que se opõe à figura na percepção): como venho afirmando, em Caravaggio, luz e obscuridade são ambas «figuras», nesta obra não existem «fundos».

Por esta razão *estritamente pictórica*, igualmente a luz de Caravaggio não é genésica, «formadora» (porque apenas admite uma relação figura--figura, e nunca figura-fundo). A luz genésica é deste modo definida pelo bispo Grosseteste. Em *De Luce*, a luz não se introduz na matéria, porque, ao invés, é a matéria que possui a dimensão que a luz lhe confere; deste modo: ao irradiar instantaneamente em todas as direcções, a luz esculpe e revela, corporaliza, forma a matéria (que nada é sem luz). A luz não só permite ver aquilo que é a natureza material, para Grosseteste *a luz confere matéria à matéria*, revelando-a. Ora, intrespassável, a obscuridade caravaggesca é *antimatérica*. Nele, não é a luz que forma a matéria, é esta que emana luz, possui luz. Portanto, podemos concluir que os corpos de Caravaggio ao «receberem» uma luz que não pode atravessar a obscuridade circundante terão de ser eles a gerá-la, porque aquilo que os rodeia é o não-espaço, o lugar que nada comporta nem admite; mas os corpos de Caravaggio também são, a seu modo, intrespassáveis, são *opacidade feitas de luz*, o que, para Lacan, é uma forma de transparência absoluta – daí a sua definição de barroco: «o barroco é a regulação da alma através da radioscopia corporal».[80]

Nestes termos, reafirmarei que o acontecimento ou invenção caravaggesco corresponde a uma inédita relação luz-obscuridade, a qual Roberto

Longhi definiu como a sabedoria de *conferir forma à sombra*, e Wittkower caracterizou como a invenção do par sombra/obscuridade intrespassável por uma luminosidade também ela insubstancial (logo, sem existência), situação de que resulta uma impenetrabilidade nos/dos corpos (que os torna fontes e não receptores de luz). Este acontecimento, enquanto tal, não pode ser explicado apenas por via de um mero esforço de contextualização centrado no passado luminista lombardo, nem tão-pouco por uma leitura da pintura romana contemporânea, e também não pelos propósitos da pintura posterior (o caravaggismo propriamente dito que, nesta sequência, dificilmente terá existido).

Nenhum dos seus antecessores luministas pôde ter influenciado ou imposto esta invenção lumínica ligada a uma intrespassabilidade da sombra/obscuridade que nos fala da hipótese da luz enquanto emanação dos corpos. Ora, de facto, toda a pintura luminista que lhe antecede entende a relação luz-sombra de maneira gradativa realista de acordo com o princípio do *sfumato* numa inteligibilidade de volumetrias e espacialidades afins da tradição de Vasari ou Alberti, Leonardo ou Cennini. Portanto, não há nos antecessores de Caravaggio pintores que concebam a luz para lá da realidade de uma fonte ou natureza precisa, fonte natural, artificial ou simbólica e teológica. Por outro lado, igualmente os pintores luministas subsequentes a Caravaggio pretenderam ligar a luz a fontes muitas vezes artificiais, como velas ou candeias, por exemplo. Entre os italianos poderia citar Carlo Saraceni (1579-1622), Rutilio Manetti (1571--1639); fora de Itália, Trophime Bigot (1579-1650), Gerrit von Honthorst (1592-1656), Adam de Coster (1586-1643), ou os mais difundidos La Tour (1593-1652) e Matthieu Le Nain (1607-1677). Muitos outros abordaram o luminismo, mas sempre próximos de uma relação luz-sombra *real* pela distribuição da sombra disseminada pelas zonas onde embate: Carraciolo, Giovanni e Artemisia Gentileschi e Jusepe de Ribera **(Figs. 7., 8. e 14.)**, ou Rembrandt, Velázquez e Vermeer.

Desenvolvamos um pouco mais este tema dos antecessores e sucessores (os *caravaggisti*). Friedlander, acerca dos antecendentes do luminismo caravaggesco, nos seus *Studies* propõe-nos esta tese: temos de nos ater à leitura de Longhi, que nos fala do carácter precursor de Leonardo (claro-escuro/volume/definição das formas), e, sobretudo, do realismo lombardo e da pintura do norte de Itália. Mina Gregori corrobora a proposta de Longhi neste ponto, defendendo igualmente que Caravaggio adopta os ensinamentos lombardos já presentes em Leonardo: «regulação» da alma (retomando o termo de Lacan atrás empregue) estudando-a no vivido; cuidado com os fenómenos naturais (e aqui pode discordar-se: em Leonardo, sim, esse cuidado existe, mas não em Caravaggio que não só não praticou a paisagem como ainda nas suas obras nos deixa quase sempre em suspenso sobre a localização do que é retratado, se em espaços interiores e exteriores) e uma captação de fisionomias com interesse divergente do gosto ilusório maneirista. A discussão pode continuar por outras vias. Enquanto Longhi nos fala do realismo lombardo (Peterzano, os irmãos Campi [**Fig. 15.**], Lotto, Savoldo, entre várias hipóteses), outros falarão de uma matriz veneziana (improvável segundo Kallab e Hermann Voss, autores já referidos como precursores do restabelecimento dos estudos caravaggescos no início do século XX)[81] e de Giorgione (Baglione, no seu *Le Vite......*, diz-nos que Federico Zuccaro, visitando a Capela Contarelli, terá dito que nada de novo ali havia em relação a Giorgione;[82] note-se igualmente que Bellori também acabaria por sublinhar a influência de Giorgione e do seu colorismo,[83] estranhamente, pois o colorismo não é uma «marca» de Caravaggio cuja paleta é severamente reduzida).

Quando Keith Christiansen, para a importante exposição *The Age of Caravaggio* (Nova Iorque, The Metropolitan Museum of Art, 1985),[84] consegue reunir uma equipa de coordenação constituída por Pope-Hennessy, Jonathan Brown (um dos maiores conhecedores de Velázquez), Maurizio Calvesi, Richard E. Spear,[85] Mina Gregori, Howard Hibbard[86] ou o historiador do barroco John Rupert Martin, é a tese de Longhi (aliás, a exposição foi dedicada à sua memória) que se impõe, ou seja, devemos ligar Caravaggio ao realismo lombardo e não a Giorgione, isso através da inclusão de obras como as de Bassano (1510-1592), Giovanni Lomazo ([1538-1600] pintor e teórico milanês adepto do colorismo natural e não do primado do desenho à maneira de Vasari) e também Tintoretto (pintor de toque e gesto marcantes, *gestualidade que nunca interessou a Caravaggio*, mas certamente que a luz de Tintoretto não lhe foi alheia). A tese referida de

Longhi, e as suas análises comparativas com alguns dos artistas citados, figura no seu longo e importante ensaio «Questões caravaggescas, os antecedentes».[87]

É certo que Caravaggio conhece e é influenciado pelos frescos de Mântua de Giulio Romano ou Mantegna, o que explica o uso, nalgumas obras, do corpo em escorço: na *Crucificação de S. Pedro*, 1600-01, na *Conversão de S. Paulo* (claramente influenciado pelo Cristo de Mantegna), 1600-01; ver ainda o braço direito que «avança» para fora da tela em direcção ao espectador na *Ceia em Emaús*, versão de 1601, ou o único fresco que lhe é atribuído, *Júpiter, Neptuno e Plutão,* de 1597 (Villa Boncompagni Ludovisi, Roma). Mina Gregori fala-nos de um Caravaggio atento a Ticiano e Rafael; contudo, como os seus contemporâneos e teóricos imediatamente posteriores insistiram (liderados pelas teses de Bellori) é sobretudo o ideal de beleza de Rafael que é desvalorizado pelo carácter realista de Caravaggio e pelo seu abrupto *tenebroso*. Mancini aponta para uma fortíssima influência caravaggesca em gerações posteriores, mas Wittkower comenta com toda a razão (e é um facto pouco disputável) que entre dez a quinze anos depois da morte do pintor o caravaggismo praticamente desaparece .... até ao século XX e à mostra organizada por Roberto Longhi em 1951 (!!). Portanto, a influência de Caravaggio na arte subsequente foi tão *intensa* como intensa e absoluta foi a sua desvalorização e consecutivo desaparecimento alguns anos depois da sua morte. As marcas de Caravaggio em Rubens, Rembrandt e Vermeer (referidas, por vezes, por Longhi e Wittkower) julgo-as muito discutíveis.

É norma, entre os artistas que lhe foram contemporâneos, destacar Annibale Carraci por oposição: Carraci representaria a continuação da tradição e Caravaggio a sua rejeição. Wittkower, no seu estudo da arte italiana desta época, modera tal oposição.[88] Oportunamente, em *Art and Architecture in Italy*......, no próprio capítulo dedicado a Carraci, Wittkower mostra-nos como em muitos aspectos (biográficos e outros) as carreiras dos dois artistas andaram lado a lado (por exemplo, trabalharam em simultâneo na romana Igreja de Sta. Maria del Popolo -- Carraci numa *Assunção da Virgem*, Caravaggio nas referidas *Conversão de S. Paulo* e *Crucificação de S. Pedro*). Carraci é um colorista desenhista, ou seja, um pintor que agrega aspectos da arte veneziana à escola romana e, além disso, alguém com notáveis arrojos temáticos, como a tela *Homem com Macaco*, de 1595, aproximável ao *Baco* caravaggesco dos Uffizi, de 1596, abrindo ainda caminho à estranheza caricatural e expressiva de Hogarth e Goya.

10. Obscuridade total, luz total (ou a ausência dupla da luz e obscuridade)

Recorrendo a momentos importantes da vida de Caravaggio, sem contudo deles fazer pretextos para desvios em relação à obra pictórica em causa (e sabemos como a vida de Caravaggio é a isso propícia),[89] propõe Wittkower quatro períodos criativos do artista. O primeiro decorre de 1584 (ano em que entra aos treze anos para a oficina de Simone Peterzano em Milão) a 1592, ano da sua definitiva instalação em Roma. O segundo período, naturalmente por muito do que já aqui foi escrito, decorre de 1592 a 99, por muitos denominado, e também por Wittkower, «período de juventude» ou «juvenília», que termina na encomenda patrocinada pelo Cardeal Del Monte para a Capela Contarelli – e o ano de 1599 é, por certo, o da maior cesura na obra de Caravaggio. Atrás desta já muito justificada ruptura, a do ciclo sobre S. Mateus (ou da tela dedicada a Sta. Catarina de Alexandria), fica alguma pintura religiosa – uma *Madalena Arrependida* [8 do catálogo *raisonée* de Mina Gregori, sendo também este catálogo a referência para os números seguintes],[90] um *S. Francisco Recebendo os Estigmas* [9], o *Repouso na Fuga para o Egipto* [12], uma mundana *Conversão de Madalena* [23], um *Cristo Preso à Coluna* [28], um *David com a Cabeça de Golias* [25], uma 1ª versão do *Sacrifício de Isaque* [21] – ficam, sobretudo, pinturas de género como naturezas-mortas isoladas ou outras fazendo parte ou envolvendo cenas de adolescentes tocando alaúde, transportando flores e frutos no regaço, jogadores de cartas, uma conhecida cigana adivinhando o futuro de um jovem (duas versões), duas versões de *Rapaz Mordido por um Lagarto* (1595-96 e 1596-97 [10 e 11]), uma surpreendente *Cabeça de Medusa* (1598) e uma única pintura mural, a óleo (não lhe são conhecidos frescos, como não

lhe são atribuídos desenhos), a partir de um tema mitológico, *Júpiter,*
Neptuno e Plutão, com interessante e já mencionada composição de corpos em escorço.

O período de 1599 a 1602, igualmente já comentado, corresponde às
três obras sobre S. Mateus da Capela Contarelli (havendo ainda a men-
cionar uma rejeitada primeira versão de *S. Mateus e o Anjo*, considerada
«vulgar», com um santo inaceitavelmente descalço e de pernas trocadas
recebendo lições de escrita do anjo, obra desaparecida). De 1599 a 1606,
ano em que por ter cometido um homicídio[91] se vê obrigado a fugir
de Roma, Caravaggio entrega-se a uma pintura de grandes temas religiosos, consolidando a sua invenção luminista sobrenatural (insubstancial)
e de grande eficácia na clarificação ou marcação de volumetrias emergin-
do da planitude da pintura, promovendo ainda Caravaggio a «implosão»
e «explosão» do *sfumato* numa pintura de abrupto confronto com o
espectador, confronto sem premeditação nem estudo, intensidade que
pode ser medida pelo repetido facto de não se conhecerem desenhos
do autor. Deste cronfronto imediato, resulta uma pintura de película
fina e de lisura matérica, sem restos de traços-toques-gestos ou outras
marcas do pincel que nunca interessaram ao autor, uma pintura firme
e decidida no talhamento forte das formas, modeladas sem a habitual
transição suave do claro-escuro de Leonardo e, principalmente, de Rafael.

Finalmente, o período entre 1606 e 1610, anos de fuga, nomadismo e
morte (de Roma para Malta, de Malta para a Sicília, daqui para Nápoles
e, por fim, Porto Ercole); este último período é caracterizado por um
conjunto significativo de novas respostas plásticas para temas religiosos
já abordados, sendo nomeadamente de notar um traço comum no arranjo
dos conjuntos de figuras: amalgamadas, sobrepostas ou justapostas como
que num mesmo plano paralelo ao espectador, compressão por vezes evi-
denciando delimitações segundo figuras geométricas básicas; emblemáticas
são as «obras sicilianas»: *Funerais de Sta. Lúcia, Ressurreição de Lázaro*
(Figs. B., 16. – detalhe de B.) e a *Adoração dos pastores*; nesta última,
veja-se o triângulo formado pelas figuras comprimidas no lado direito
da Virgem, triângulo que tem como vértice principal o rosto da própria
Virgem (*Adoração* de Messina, de 1609); opção compositiva básica de

que apenas vejo precedente na *Morte da Virgem*, de 1601-1605 (Louvre), e completamente diferente de outras obras com conjuntos e massas humanas, por exemplo, o *Martírio de S. Mateus* da Capela Contarelli.

Mas talvez a obra mais radical, austera e despojada (ou mesmo «primitivista») deste período seja o comentado *Martírio de Sta. Úrsula*, onde a obscuridade ocupa quase toda a cena, deixando reduzidíssimas aberturas de luz em escassos fragmentos do rosto das personagens, quedando-se a santa lívida e sem cor (como se de uma *não-pintura* se tratasse), com suas mãos como que primariamente «esculpidas» contra o peito e sem distância em relação ao algoz – também aqui as figuras se comprimem encontrando-se mesmo sem «espaço de actuação». De facto, quase tudo afasta esta obra do mundo em transe do *Martírio de S. Mateus*. A acção do *Martírio* é aqui trocada por um congelamento que nos impõe uma paralisia do olhar e dos sentidos. Uma morte de alguma teatralidade anteriormente observada.

Detenhamo-nos sobre o sentido deste hieratismo, sobre esta estaticidade suspensa da composição, manifesta na disposição e ânimo das figuras, que marca não apenas o último período de Caravaggio, mas que também testemunhamos na *Madona do Rosário* (1606-07), na *Morte da Virgem*, no *Enterro de Cristo* (1602-1604), na *Vocação de Mateus* (1599--1600), no *Repouso na fuga para o Egipto* (1595-96), hieratismo de que apenas se «libertam» obras como o *Martírio de S. Mateus* ou, mais tarde, *As sete obras da Misericórdia* (1607) **(Fig. 17.)**, por exemplo.

Bernard Berenson é um dos poucos historiadores que, já no século XX, continua apostado numa determinada desvalorização de Caravaggio, tendo publicado em 1950, próximo da exposição de Longhi, o seu conhecido *Caravaggio: Delle sua Incongruenza e delle sua Fama*.[92] Há um ponto muito importante em que Berenson concorda com Longhi: Caravaggio não pode ser um artista barroco, mas Berenson tal conclui aproximando Caravaggio do hieratismo geometrizante de Piero della Francesca por oposição ao movimento alucinante das composições de Rubens. Berenson, embora descreva muito bem o hieratismo de Caravaggio, daí retira a conclusão errada, usando o hieratismo como critério valorativo, concretamente depreciativo. Por exemplo, se levássemos Berenson à letra e o aplicássemos a outros autores (Monet ou Cézanne), teríamos de criticar a pintura impressionista e pós-impressionista apelidando-a de «primitiva», «medieval», por nunca se ter interessado pela perspectiva, à qual preferiu valores espaciais de natureza atmosférica, recordando a perspectiva aérea e atmosférica. Mas formalmente o historiador americano não erra muito. Diz-nos ele que o Caravaggio tardio é sombrio, antiteatral, sóbrio, severo, próximo de uma estética grega arcaica e do quatrocentismo florentino. Ora, este «retorno» é, ao invés do pretendido por Berenson, um sinal de inovação como o foi o retorno a formas atmosféricas de perspectiva no Impressionismo.

Voltemos à glória e ao rápido desaparecimento do caravaggismo depois de 1610. Um dos factos inéditos (por isso, evenementais) desta obra reside no desinteresse de Caravaggio pela definição da fonte e natureza da luz. Ao contrário, grande parte dos precursores ou descendentes de Caravaggio usam concretas e definidas fontes de luz (velas, archotes), justificando assim os seus contrastes, tratamento de sombras e inerente teatralidade. Ora o luminismo caravaggesco nunca se interessa nem pela fonte nem pela natureza da luz. Por isso é sempre mais tenebrista do que realista. A sua imaterialidade (e inominabilidade) rasura e estiola o *sfumato*. Diferentemente, o luminismo de Rembrandt vai ligar-se a um efeito naturalista ou simbólico afim de Ticiano ou Tintoretto. Naturalista e simbólico significa que é uma coisa e outra, enquanto Caravaggio não é nenhuma das duas, porque usa uma luz (meta-)simbólica para definir volumes (pondo o simbolismo ao serviço do naturalismo e o realismo, cru, ao serviço do simbolismo). Entretanto, quando Velázquez faz as suas duas viagens a Itália, a primeira em 1629,[93] a segunda em 1648,[94] é um facto que já nesse período, meados do século XVII, a fama do caravaggismo se tinha esfumado, pois Palomino apenas sublinha o interesse do espanhol por Ticiano, Tintoretto, Rafael (este muito ambivalentemente) e Miguel Ângelo. Terá durado escassamente o gosto caravaggista (se é que alguma vez a «luz sem nome» de Caravaggio foi compreendida, o que quer dizer que talvez nunca tivesse havido caravaggismo!, repito).

Desenvolvamo-lo um pouco mais, o caravaggismo. Os corpos de Caravaggio são possantes de luz que, provavelmente, deles emana, recortando-se rigorosamente na obscuridade – o lugar do infinito e de Deus, o que nos leva a pensar que a haver simbolismo em Caravaggio é no modo e na presença da sua obscuridade, recordando-nos um impressivo versículo d'*O Primeiro Livro dos Reis* (VII, 12), «O Senhor disse que habitaria na escuridão».[95] É por isso também que a sombra e obscuridade caravaggesca nunca pode ser um fundo que nos devolve a figura que dele se destaca, porquanto é uma forma em si mesma e a própria figura. Há aqui uma dupla autonomia, da luz em relação à obscuridade e da obscuridade em relação à luz. Por isso, a sua pintura não destaca a figura do fundo, é povoada por uma relação sem precedentes da figura (a luz) com a figura (a obscuridade).

Do seu *corpus* de mais de oitenta obras indexadas por Mina Gregori (e consideremos ainda os estudos recentes de Sybille Ebert-Schifferer, Sebastian Schütze e Rossella Vodret),[96] apenas numa há uma figura de vela na mão (n' *As Sete obras da Misericórdia*) e noutra uma muito ténue presença de luz natural (?) numa cena de interior (*A Vocação de Mateus*). Outros exemplos de luz natural (na paisagem, natureza ou exterior) presente são os elementos naturais do *Repouso na Fuga para o Egipto*, e na segunda versão, de 1603, do *Sacrifício de Isaque*. Mas tal não é referenciável, pois são pinturas de cenas ocorridas na paisagem, embora esta ocupe um lugar ínfimo da tela. E há ainda a luz de um Deus interpelante na *Conversão de S. Paulo*. Predominantemente, a luz de Caravaggio não tem leitura teológica, e os seus contemporâneos (Baglione, Bellori ou Carducho, conhecido como rival de Velázquez)[97] sempre se referiram à sua função como marcante sugestão volumétrica. Mas resta-nos teologicamente o papel da obscuridade que pode conduzir a leitura de Caravaggio para um plano de misticismo e espiritualidade afins à influência que sobre ele terão tido S. Francisco de Assis, Sto. Inácio ou S. Filipe Neri (o herdeiro de Santo Agostinho e de Savonarola). Deste modo, a *arte senza arte* de Caravaggio seria, como as suas figuras e as suas sombras, uma emanação divina, a emersão da ausência da luz, a celebração de um Deus sem forma nem presença, o *puro espaço da fé*. Desabrigado e sem nada mostrar.

Este referido *puro espaço de fé* que sinaliza o tipo de devoção do Caravaggio pintor manifesta-se não apenas na sua invenção de uma «luz sem nome» (na quádrupla negação da luz enquanto fenómeno físico, simbólico/teológico, genésico e modelador), mas numa, ao mesmo tempo, presença (física e também sexual) do corpo, entretanto de um corpo em pleno retraimento e despossessão (da sua própria fisicalidade e sexualidade). Não deixa de ser significativo que teóricos *queer*, como Leo Bersani e Ulysse Dutoit, comecem alguns dos seus estudos por referir a frequência com que Caravaggio trata temas de decapitações (também aproximável de S. Filipe Neri, quando nos sugere que nos afastemos de nós mesmos): desde o *Judith e Holofernes* à *Decapitação de S. João Baptista* de Malta, na Catedral de La Valetta. Na leitura de Bersani/Dutoit, a decapitação é, acima de tudo, a extirpação do cérebro e do pensamento reflexivo/ interpretativo. Bersani/Dutoit consideram que a obra de Caravaggio constitui-se assim como *algo esquivo à interpretação*, em geral, e em particular a uma linear leitura sexual, tomando os autores como exemplo o *Bacchino Malato* de 1593.

Nesta obra, no *Bacchino Malato*, há aparentemente uma oferta sexual na possante inclinação para o espectador do ombro direito do retratado, mas ao mesmo tempo todo o corpo recua e cria dessa forma uma duplicidade enigmática (ou uma oferta sexual aparente e enganosa). Deste modo, o corpo caravaggesco, neste período (e outras obras poderiam ser convocadas), dá-se e retrai-se, esconde-se, afirma nele existir um segredo irresolúvel que para si parece querer ficar. Quando muito diremos que Caravaggio erotiza o segredo, mas este erotismo e sexualidade nada tem de genital. Olhemos para a obra novamente: em cima da mesa, um cacho de uvas e (julgo) duas maçãs. A ideia é, para Bersani/Dutoit, a de que Caravaggio dispersa os genitais em vários lugares da representação e da cena (mesa, neste caso). Ou seja, há aqui uma sexualidade dispersa e não concentrada na genitália. Uma sexualidade além da corporalidade.[98]

IV
A IRREPRESENTABILIDADE DIVINA COMO
REINVENTADA CONVIVIALIDADE COM DEUS:
O «ENIGMA CARAVAGGIO»

IV

A IRREPRESENTABILIDADE DIVINA COMO REINVENTADA CONVIVIALIDADE COM DEUS: O «ENIGMA CARAVAGGIO»

11. «O Senhor habita na escuridão»

Passemos agora para uma questão que creio das mais estranhas e bizarras desta obra; repitamos d'*O Primeiro Livro dos Reis*: «O Senhor disse que habitaria na escuridão». Será este um mote para a análise da presença/ausência de Cristo na obra de Caravaggio? Verifico que o Cristo-homem, aquele homem que vive entre os homens como homem, aquele que teria de despertar fé sem que nada assegurasse ser ele o Filho de Deus, o Cristo anterior ao sacrifício da Crucificação, esse Cristo não se encontra representado na pintura de Caravaggio: não temos aqui imagens da vida de Cristo, da vida depois daquela vivida entre os braços das Madonnas e a fuga para o Egipto até à entrega para o Calvário.

Vejamos atentamente. A primeira representação de Cristo em Caravaggio é uma cena do *Repouso na fuga para o Egipto* (fonte: *O Santo Evangelho de Nosso Senhor Jesus Cristo segundo S. Mateus* [doravante *Mateus*, tal como os outros Evangelhos serão identificados pelo nome dos evangelistas], II, 13-23). Cristo volta a aparecer com clareza na obra de Caravaggio numa primeira versão da *Ceia em Emaús*, de 1601 (fontes: *Lucas* XXIV, 13-32); mas este é já um Cristo ressurrecto. O momento da prisão vem-nos com uma *Prisão de Cristo* (1602) com o beijo de Judas representado. Outros momentos da vida de Cristo surgem representados: duas versões da *Coroação de Espinhos* (uma de 1600-1602, na Casa di Risparmio de

Prato; outra de 1603, em Viena – já citada); um *Cristo à Coluna* (1598-
-99, Palazzo Carmuccini, em Cantalupo Sabino), um *Enterro* (1602-1604,
na Pinacoteca Vaticana), duas versões da *Flagelação* (uma de 1606-1607,
em Rouen; outra de 1607, no Museu Capodimonte de Nápoles); uma
Adoração dos pastores (Messina) e uma Natividade (1609, desaparecida),
mostrando estas duas obras Cristo anteriormente à fuga para o Egipto.
Temos ainda várias representações da Virgem com o Menino (*Madonnas*:
do *Loretto*, 1604-1606; *com Serpente*, 1605-06; *do Rosário*, 1606-07). Mas a
questão mais enigmática é esta: que passos da vida de Cristo Caravaggio
representou entre a sua infância (os primeiros anos de vida, a fuga para
o Egipto ou criança nos braços de sua mãe) e a sua prisão no Jardim
de Getsemani (fontes: *Mateus*, XXVI, 36-57; *Marcos*, XIV, 43-52; *Lucas*,
XXII, 47-53 e *João*, XVII, 1-12)? Estranha, e aparentemente sem explicação, apenas duas vezes: uma num episódio não muito relevante, na
Vocação de Mateus (chamando Mateus para seu discípulo, fonte: *Mateus*,
IX, 9), e outra vez num milagre, *A Ressurreição de Lázaro* (fonte: *João*,
XI, 1-44), uma das obras tardias «sicilianas» (Museu Regionale, Messina).
Nestas duas obras, as semelhanças na pose e «apagamento» da presença
de Cristo são ainda mais estranhas e significacionalmente perturbadoras.
Devem ser lidas em ligação uma com a outra. Na *Vocação de Mateus* **(Ver,
de novo, Figs. A. e 9.)**, Cristo está no lado direito da composição, de
pé, de frente para o espectador; quase não se vê, pois está numa zona
de sombra (a iluminação do quadro é aparentemente natural) e tem S.
Pedro a cobrir-lhe quase todo o corpo; o gesto da sua mão direita copia
o gesto de Adão criado por Deus Criador no tecto da Sistina de Miguel
Ângelo. N' *A Ressurreição de Lázaro* **(Ver, de novo, Figs. B. e 16.)**, Cristo
tem exactamente a mesma postura, *sem qualquer diferença*, só que desta
feita surge no lado esquerdo da composição em contra-luz, repetindo
o mesmo gesto da mão direita (apontando para Lázaro, cujo corpo evoca,
por sua vez, uma tradicional deposição de Cristo excepto pela mão direita
erguida do Lázaro ressurrecto). As posturas de Cristo são iguais, e, num
caso como noutro, houve deliberada vontade de o tornar imperceptível:
n'*A Ressurreição de Lázaro*, Cristo está em contra-luz, na *Vocação* o seu
corpo está tapado por S. Pedro.

12. A pintura existe sempre *entre a pintura e o mundo*

Porque é que então não há nenhuma representação de Cristo, considerando a sua biografia, entre a infância e a prisão em Getsemani pelos soldados de Caifás? Já vimos como, n' *O Primeiro Livro dos Reis, Deus vive na obscuridade*; depois, partindo de Santo Agostinho ficamos a saber que o maior do seres invisíveis é Deus e a ele, absoluto invisível, só a crença e não a visão acede. Se n'*O Primeiro Livro dos Reis* do *Antigo Testamento* Deus vive na mais profunda obscuridade, também no *Novo Testamento* o seu filho pedirá aos discípulos para transformarem em luz o que ele lhes diz em trevas (da minha epígrafe inicial), e nada mais e melhor o efectiva do que na cena de um milagre (a ressurreição de Lázaro), colocar o autor desse milagre (Cristo) na obscuridade. Porque isso é corresponder à vontade de Cristo, como diz Terry Eagleton numa introdução a uma versão inglesa dos quatro Evangelhos:

> Ele realizou os seu milagres sem pretender convencer os que o rodeavam de que era Deus (com efeito, Cristo passou muito do seu tempo tentando escapar às multidões no lugar de as cortejar), mas antes com finalidades simbólicas ou razões de compaixão. Sempre recusou fazer milagres como forma de auto-legitimação, e ficava irritado quando tal lhe pediam. Devemos ainda fazer notar, mantendo-nos neste tema dos milagres de Cristo, que aqueles que deles fizeram leituras quando foram escritos os Evangelhos não os tomavam literalmente. (...) muitas vezes eram tomados como parábolas em vez de factos históricos. O Novo Testamento não teve de esperar pelos liberais dos nossos dias ou pelos revisionistas para poder ser lido alegórica e metaforicamente.[99]

Eagleton admite a hipótese do milagre ser como que uma parábola, parábola ou parábolas que constituíam a forma como Cristo comunicava com os seus concidadãos:

> 10. E chegando-se a ele os Discípulos, disseram-lhe: Porque lhes falas por parábolas?

11. E respondendo ele, disse-lhes: Porque a vós vos é dado saber os mistérios do Reino dos céus, mas a eles não lhes é dado.

12. Porque a quem tem, ser-lhe-á dado, e terá em abundância: mas a quem não tem, até aquilo que tem lhe será tirado.

13, Por isso lhes falo por parábolas; para que vendo, não vejam, e ouvindo não ouçam, nem tampouco entendam.

14. E nele se cumpre a profecia de Isaías, que diz: De ouvido ouvireis, e não entendereis; e vendo, vereis, e não enxergareis.

15. Porque o coração deste povo está engrossado, e pesadamente dos ouvidos ouviram; e seus olhos fecharam: para que porventura não vejam dos olhos, e ouçam dos ouvidos, e entendam do coração, e se arrependam e eu os cure.

(Mateus, XIII, 11-15).

E Cristo não fazia qualquer milagre em qualquer altura, pois não os fazia decerto perante incréus:

54. E vindo à sua Pátria, ensinava-os em sua Sinagoga deles; de tal maneira que pasmavam e diziam: Donde lhe vem a este esta Sabedoria, e estas Maravilhas?

55. Não é este o filho do carpinteiro? E não se chama sua mãe Maria? E seus irmãos Tiago e José, e Simão e Judas?

56. E não estão todas suas irmãs connosco? Donde lhe vem logo a este tudo isto?

57. E escandalizavam-se nele. Mas Jesus lhes disse: Não há profeta sem honra, senão em sua pátria, e em sua casa.

58. E não fez ali maravilhas, por causa da sua incredulidade deles.

(Mateus, XIII, 54-58)

Noutra passagem de *Mateus*, uma longa e fundamental passagem, veremos como alguns mandamentos sobre a ocularidade e a visualidade são enunciados: exige-se que não se mostre só por mostrar, que não se mostre para obrigar outrem a ver, que não se exibam certos actos gratuitamente, que não se fale em excesso, que não se exibam os sacrifícios realizados. Por fim, conclui-se que o olho só vê se for «sincero». Desse modo pode iluminar o caminho:

1. Atentai que não façais vossa esmola perante os homens, para que deles sejais vistos: doutra maneira, não havereis galardão acerca de vosso Pai que está nos céus.

2. Portanto quando fizeres esmola, não faças tocar trombeta diante de ti: como fazem nas Sinagogas, e nas ruas os hipócritas, para dos homens serem honrados: em verdade vos digo, que já têm seu galardão.

3. Mas quando tu fizeres esmola, não saiba tua mão esquerda o que faz a tua direita.

4. Para que a tua esmola seja em oculto, e teu Pai que vê em oculto, ele to renderá em público.

5. E quando orares, não sejas como os hipócritas; porque folgam de orar em pé nas sinagogas, e nos cantos das ruas, para dos homens serem vistos. Em verdade vos digo, que já têm seu galardão.

6. Mas tu, quando orares, entra em tua câmara, e cerrando tua porta, ora a teu Pai que está em oculto, e teu Pai que vê em oculto ele to renderá em público.

7. E orando, não paroleis como os gentios, que cuidam que por seu muito falar hão-de ser ouvidos.

8. Não vos façais pois semelhantes a eles; que vosso Pai sabe o que vos é necessário, antes que vós lho peçais.

9. Vosoutros pois orareis assim: Pai-nosso, que estás nos céus, santificado seja o vosso nome.

(...)

14. Porque se aos homens perdoardes suas ofensas, também vosso Pai celestial vos perdoará a vós.

15. Mas se aos homens não perdoardes suas ofensas, tampouco vos perdoará vosso Pai vossas ofensas.

16. E quando jejuardes, não vos mostreis tristonhos, como os hipócritas: porque desfiguram seus rostos, para aos homens parecerem que jejuam. Em verdade vos digo, que já têm seu galardão.

17. Porém tu, quando jejuardes, unge tua cabeça, e lava teu rosto.

18. Para aos homens não pareceres que jejuas, senão a teu Pai que está em oculto: e teu Pai que vê em oculto, ele to renderá em público. (...)

22. A candeia do corpo é o olho: assim que se teu olho for sincero, todo teu corpo será luminoso.

(*Mateus*, VI, 1-18 e 22)

Conclui-se que, em Caravaggio, Cristo não é visível nem invisível, ele é, como toda a pintura, *invisualizado*. Caravaggio demonstra-nos que *a pintura está sempre entre ela própria e o mundo real*. E Cristo, como a pintura, não é visto por todos aqueles que vêem, que são *aqueles que vendo não vêem*. E deste modo Caravaggio usa a invisualidade da pintura (sempre entre o visível e o invisível, sempre *entre ela própria e a realidade*) para retratar a invisualidade de Cristo, usando a pintura para nos revelar a invisualidade da pintura, tendo como tema e meio a espiritualidade cristã. É pois no mínimo problemático considerá-lo um pintor realista, quer considerando o seu entendimento da luz, quer o da obscuridade como a forma principal da pintura.

Giulio Carlo Argan dá-nos um exemplo deste complexificado entendimento do realismo recorrendo ao *Repouso na fuga para o Egipto*. Refere Argan a impressão de realidade que emana do cansaço da Virgem tombada sobre o Menino, ainda o carácter desajeitado do velho e pesado José à frente do seu burro, tudo coexistindo, no entanto, com uma idealizada e miraculosa figura de um anjo luminoso (no eixo central da composição) semi-coberto por um vibrante panejamento branco, que Argan define como um «sopro poético veneziano».[100]

Wittkower também não se propõe tratar Caravaggio como realista, nem na sua fase de juventude, nem posteriormente. Por exemplo, sobre a *Cabeça de Medusa*, diz Wittkower que se destina a petrificar o espectador através da sua irrealidade que retoma as antigas máscaras da tragédia. Também sobre uma obra aparentemente inócua como os *Jogadores de Cartas* (1594, Kimbell Art Museum), diz-nos o historiador que a maneira luxuosa do seu vestir e a ausência de profundidade da pintura impossibilita qualquer leitura realista. A luz e o tratamento da figura prostrada de S. Paulo na conhecida *Conversão* traçam uma atmosfera fantasmagórica. E os exemplos podiam continuar. Resumindo, o suposto realismo de Caravaggio é, acima de tudo, um reportório idiomático estritamente pessoal. Um acontecimento sem explicação. Sem Nome.

13. Mateus e Lázaro (e Miguel Ângelo)

Voltemos então ao enigma, ou opções representacionais (ou sua anulação e transcendência/superação), das cenas da vida de Cristo, de Cristo-vivo, Cristo-homem, o homem que vive a sua vida com os outros, discípulos e comunidade, entre a sua infância e a prisão em Getsemani. Vimos que Caravaggio representa dois momentos da vida de Cristo entre estes dois tempos (a infância e a prisão): a *Vocação de Mateus*, em Contarelli, e a *Ressurreição de Lázaro*.

Na primeira das duas pinturas referidas, a luz que vem do lado direito, um caso raro, não faz ou não tem qualquer sentido simbólico/teológico, pois o feixe de luz desenhado na parede termina exactamente acima da altura da cabeça de Cristo. Ou seja, a luz é superior ao filho de Deus, elevada, cimeira – e destina-se estranhamente a obscurecer a presença de Cristo. Aqui, Deus não é luz, é antes obscuridade, mas é uma obscuridade que nos faz trabalhar para a luz encontrar (ou seja, a presença de Cristo obscurecido). Esta obscuridade só pode ser declaradamente intencional, pois a luz que entra na cena ilumina a janela (aberta?, fechada?, ilegível na sua configuração/função ou situação – nada se sabe para onde «comunica» ou o que liga), ilumina paradoxalmente uma janela, escondendo Cristo dos convivas. A janela não é foco, ela é enfocada, iluminada, quando poderia ser ela a iluminar a cena. Portanto, a janela da *Vocação de Mateus* não é uma janela, é uma massa desconhecida na sua materialidade (de que é feita?, porque é opaca?); digamos que tal como a obscuridade de outras obras do autor ela é intrespassável. Uma vez mais Caravaggio recusa a existência da luz natural, física: nenhuma forma, natureza ou tipo de luz provém do exterior da janela para o interior da cena onde Mateus conta o dinheiro da cobrança de impostos.

Cristo que chama o publicano Mateus está à direita na composição, obscurecido pela luz e pelo corpo de Pedro que, este sim, parece apontar para Mateus. Desenvolva-se o que antes foi referido. Repita-se que o gesto da sua mão direita copia o gesto de Adão no tecto da Sistina, e n' *A Ressurreição de Lázaro* Cristo tem exactamente a mesma postura (apenas com os dedos ligeiramente levantados, o que se explicará). Conclusão, as posturas de Cristo são iguais, o que significa que Caravaggio quis ligar Mateus a Lázaro, e ambos a Cristo. Podemos verificar que este «rebatimento» da figura de Cristo, do quadro dedicado a Mateus para o dedicado a Lázaro, é referido mas não interpretado por determinados autores (como John Spike, por exemplo).[101] E podemos ainda complexificar a situação, tomando sempre como referência a cena do Adão da Sistina, pois se na *Vocação de Mateus* Cristo faz o gesto «descaído» de Adão, na *Ressurreição de Lázaro* o gesto da mão direita mais parece copiar o do criador que tocará em Adão (criação – ressurreição?).

Partindo então deste ponto, resultado de observação atenta e cuidada, a mão e o gesto do Cristo na *Ressurreição de Lázaro* é, sem dúvida, proveniente da mão do Deus-Criador da Capela Sistina; partindo pois daqui, estas duas obras encerram um drama religioso que nele consubstancia as representações de Cristo no universo caravaggesco. Aqui, em Lázaro, há então duas duplicidades: o Cristo que aponta para Lázaro é o mesmo Deus-Criador que infunde vida no lasso Adão; e Cristo que aqui está transformado no (seu) Deus-Pai, é também o Pai apontando para o Filho no madeiro, pois suscita poucas dúvidas que o corpo de Lázaro de braços abertos é o de um Cristo crucificado (repare-se na mão esquerda de Lázaro como que mimetizando a mão pregada na cruz); por outro lado, Lázaro é também Cristo ou uma premonição deste – pelo menos é esta a leitura desenvolvida na representação pictórica.

Entretanto, o gesto deve ser interpretado literalmente (se Caravaggio copia Adão, está a colocar Cristo junto a Adão; como, para quê e porquê?). Entretanto, complexifiquemos esta questão com mais duas outras: a) olhemos para a cena: quem, de facto, aponta para Mateus? – É Cristo (quase invisível na representação) ou Pedro, que recebe luz pelas costas e cobre o corpo de Cristo, tapando-o, a esse corpo já de si provindo das trevas? É obviamente Pedro. Então, o que faz aqui Cristo com seu dedo indicador lasso, como o ainda *não criado* Adão??? Deverá ser esta a questão decisiva desta obra. Tudo levará a crer que Cristo faz ou dispõe-se que Mateus lhe faça a ele o mesmo que Deus a Adão: Cristo pede a Mateus que o crie, concretamente que o biografie. Porquê?

Caravaggio copia Miguel Ângelo e não o cita (porque neste momento da história da arte a citação não tinha obviamente o mesmo sentido e orientação que no tempos pós-modernos da década de 80 do século XX, onde o objectivo era a questionação do poder das representações e a sua descontextualização/recontextualização); por isso, Cristo, apagado, na treva encoberto por Pedro pede a Mateus que o crie e «invente». E, de facto, o *Evangelho de Mateus*, apesar de posterior ao de Marcos, foi, segundo Sto. Agostinho o primeiro a ser utilizado pelas comunidades cristãs.

Voltemos à *Ressurreição de Lázaro*. Porque é que Caravaggio se interessa pela ressurreição de Lázaro (e faz-nos especular sobre este balançar entre Mateus e Lázaro)?

Deparámos, a partir de uma análise de Ratzinger/Bento XVI, com o Lázaro mendigo coberto de chagas quedado à porta de um homem rico, em *Lucas* (XVI, 19); fora este para Lucas uma premonição de Cristo, o crucificado «fora das portas da cidade». Mas o ressurrecto Lázaro de Betânia, do *Evangelho de S. João*, também é uma premonição de Cristo e do seu destino. Temos aqui três personagens centrais de um Teo-Drama (para utilizar a expressão de Urs Von Balthasar): Mateus, Lázaro de Betânia e Cristo. O que têm em comum é o facto de nelas podermos falar do acontecimento *ressureição*.

Cristo ressurge três dias depois de crucificado, Lázaro ressurge por vontade de Cristo e Mateus, quando pregava na Etiópia (onde será martirizado cerca do ano 72, aí tendo pregado segundo referências de vários autores, como Sócrates de Constantinopla e o próprio *Martirológio Romano*)[102] depois de Cristo morto, embora nessas terras desprezado conseguiu trazer à vida o filho da rainha Candece ou Candace (um reino referido em *Actos dos Apóstolos*, VIII), Eufranon. Este episódio é relatado por Jacobus de Varagine (ou Voragine, e uma referência ao italiano

Giacomo de Varazze), na sua *Legenda Aurea*.[103] E é ainda de sublinhar que este mesmo episódio – o da ressurreição, por Mateus, do filho da rainha da Etiópia, está também representado nos frescos da abóbada da Capela Contarelli, em obra de Giuseppe Cesari.

Diz-nos Ratzinger, no capítulo II do seu livro sobre S. Paulo, e talvez mais claramente no capítulo IX do Volume II do seu *Jesus Von Nazareth* que a importância da cristologia reside no carácter decisivo da ressurreição (sem a qual Cristo seria uma «personalidade religiosa falhada»). Como o disse fundacionalmente Paulo no Cap. XV da *Epístola aos Coríntios I* (onde pura e simplesmente afirma que Cristo ressuscitou, consolidando o acto de fé como acto prescritivo),[104] momento de que também Alain Badiou se serve com outro propósito – para afirmar o carácter decisório e revolucionário de Paulo e do sujeito cristão.[105] Ou seja, o ser «revolucionário» do sujeito cristão reside no seu carácter prescritivo de uma verdade firmada na base de *nada*, um nada que é a própria fé.

14. A definição da pintura

A ressurreição dos corpos é o centro do cristianismo: e aqui estão três protagonistas da hipótese dos corpos ressurrectos: Cristo, Mateus e Lázaro, o redentor, o seu «biógrafo» (também ele possuidor da potência e poder de fazer ressurgir, tal como o «biografado»), e o ressurrecto de Betânia. No entanto, nada pode assegurar que Caravaggio tenha equacionado este tema da ressurreição deste modo (de facto, ele só está explicitamente presente no quadro sobre Lázaro), mas trata-se aqui, nesta minha deambulação, de uma tentativa de explicar, em Caravaggio, a ligação entre Mateus e Lázaro (respectivamente, aquele que também – além de Cristo – tem a potência de fazer ressurgir e o ressurrecto), pois numa obra e noutra (independentemente dos contratos para a realização de cada uma delas), a figura de Cristo tem idêntica posição, unindo-as: ora vindo da direita, ora vindo da esquerda, ora posicionando-se perante Mateus, ora ordenando o regresso de Lázaro ao nosso mundo dos vivos.

Apesar de tudo isto (poder ser possível), Félibien e Poussin, mais tarde prosseguirão e fundarão o desprezo por Caravaggio, ao nele pretenderem constatar um realismo «sem nobreza», mantendo no entanto Félibien uma ambivalência avaliativa do pintor italiano, ao contrário de Poussin. Lemos Félibien citando Poussin:

> O senhor Poussin (...) não podia nada sofrer com Caravaggio, & dizia que ele tinha vindo ao mundo para destruir a pintura. Mas não seria de admirar esta aversão sentida por ele. Uma vez que, se Poussin, procurava a nobreza nos seres, Caravaggio deixava-se levar pela verdade do natural tal qual ele o via. Desse modo se opunham um ao outro.

Mas Félibien admirava Caravaggio: «No entanto, se considerarmos em particular aquilo de que depende a arte de pintar, Caravaggio tinha-a por inteiro; entendendo essa arte como a imitação do que está perante os nossos olhos». Mas tanto admira como põe em causa aquilo que admira:

> Vendo o retrato que realizou do Grande-Mestre de Malta, que se encontra no Gabinete do Rei, reconheceremos que nada de mais belo pode ser realizado, pois como Caravaggio não fez um retrato, imitou a natureza tão perfeitamente que nada deixou a desejar. Mas essa especialidade de bem pintar os corpos tal como os vemos, não é aquilo que, inteiramente, faz um grande pintor (...).[106]

Podemos concluir que a admiração, a hesitação e a incompreensão de Félibien (ou de Bellori) em torno de Caravaggio, testemunham-nos dois factos: o ineditismo do «acontecimento Caravaggio» ao qual difícil e problematicamente o conhecimento acede, e a matriz da estranheza que o pintor nunca deixou de causar, inclusive no século XX, o século da sua plena consagração.

Tardia afirmação que podemos associar a um equivocado desprezo por um falso realismo e, sobretudo, a uma falsa ideia desse «realismo» de que Caravaggio seria fundador e expoente.

Como já afirmado, pista seguida por Mancini (*Considerazioni sulla pittura*, 1617-1621), Baglione (*Le Vite de' Pittori, Scultori, et Architetti*, 1642) – que considera concretamente ser desejo de Caravaggio destruir a tradição para se irmanar do natural (o que nos faz, de imediato, recordar Poussin) – Vincenzo Giustiniani (numa carta a Teodoro Midemi, datada entre 1620 e 1630, em G. Bottari [org.], *Racolto di Lettere*, 1768),[107] definindo Caravaggio, sem o criticar, como alguém que combina o *estilo* com a natureza, ainda Francesco Scanelli e o teórico holandês Karel Van Mander (que chega mesmo a elogiar Caravaggio)[108] ou Jachim von Sandrart que, de certo modo, segue Van Mander, para já não falar de André Félibien com suas ambivalências.

Todos foram sublinhando a propensão realista de Caravaggio, embora não lhe chamem «realista», termo ainda sem existência pelo menos quando comparado com o seu valor programático actual (nascido, de certo modo, com Courbet).

Há mesmo vários teóricos do século XVII que vêem quer em Caravaggio, quer em Rembrandt, exemplos de pintores a «evitar». Irmanados estariam assim os dois artistas num censurável realismo. Com efeito, Sandrart (em *Teutsche Academie*, 1675),[109] Filippo Baldinucci (em *Cominciamento e Progresso dell'arte d'intagliari in rame colle vita de' piu eccellenti maestri dela stessa professione*, de 1686) ou Arnold Houbraken (em *De Groote Schouburgh der Nederlandtsche Konstschilders en Schilderessen*, 1718-1721) vêem em Rembrandt um exemplo do que um pintor não deve ser. Por exemplo, Houbraken comenta-nos que Rembrandt não ajuíza primeiro o que é ideal na natureza para nos revelar depois tal idealidade natural – tratando Rembrandt como caravaggesco; Rembrandt não obedece à tradição (apesar de ser um exímio desenhador) que coloca o desenho no centro das escolhas compositivas. Repete-se o conteúdo das críticas a Caravaggio, pois Rembrandt estaria mais interessado na natureza do que nas regras da pintura. Baldinucci chega mesmo a afirmar que Rembrandt tem mais fama do que merece.[110]

Mas a tentação maior é a da aproximação dos dois artistas por causa da sua mestria na execução dramática do claro-escuro e, de facto, torna-se-me evidente que o claro-escuro de ambos se relaciona com uma enfatização da presença do *medium* da pintura. Da própria pintura.

O claro-escuro, com efeito, enfatiza a pintura enquanto processo e invenção *sem real*. É a forma da figuração ou *apresentação da infigurável medialidade pura do pictórico*. Aparentemente, o claro-escuro é o ponto essencial da pintura dos dois autores (apesar de tudo o que os separa), dos seus processos criativos, mantendo a definição de que, na pintura, a exibição do *processo pictórico* não torna o invisível visível, mas exibe as formas através das quais tal pode ser (sem ser) possível. E, nestes autores, o processo passa de facto pela extremação conflitual da luz e da sombra. Mas há, depois de tudo isto considerado, o acontecimento claro-escuro em Rembrandt e o acontecimento *tenebroso* caravaggesco, já referidos como distantes, formal e significacionalmente.

A luz de Caravaggio não atravessa a obscuridade que a circunscreve e rodeia (como se de *matéria indefinida ou «morta»* se tratasse), o que é um flagrante paradoxo pictórico, mas a luz de Rembrandt penetra nas zonas de obscuridade iluminando de tal forma o que aí se situa que nos dá sugestões de espaço, num modelado da obscuridade à semi-obscuridade (inexistente em Caravaggio).

Mas há algo partilhado por Rembrandt e Caravaggio: a extremação da luz e da obscuridade, tanto num quanto noutro autor, designa-nos que a pintura é um trabalho de invenção e não de mimetização, invenção que pode ser «natural» (Rembrandt) ou «insubstancial» e inominável (Caravaggio). E uma e outra, quando extremadas, parecem recuperar a opticalidade pura da pintura que apenas existe como meio e nunca fim, ou um meio sem finalidade (Agamben). Esta opticalidade pura é a *opticalidade-medium-processo* que torna possível aquilo que denominamos pintura: assim, este artifício óptico que denominamos claro-escuro faz-nos recordar que o *medium* da pintura é a opticalidade artificiosa desaparecida quando chegamos ao quadro finalizado. Porque o quadro tende a deixar para trás (para o momento de trânsito que é a sua feitura) os seus próprios artifícios.

Mas o claro-escuro traça uma oposição entre os dois pintores: em Rembrandt é a luz que assume protagonismo simbólico, em Caravaggio é a obscuridade. A luz de Caravaggio, porque dissociada da obscuridade, em nada se relaciona com a tradição de Ticiano e Tintoretto, aos quais

Rembrandt se liga de forma a podermos considerar que o holandês tem um entendimento lumínico comum aos que antecederam o «modelo Caravaggio».

Compare-se, por exemplo, o *Retrato de Titus lendo em voz alta* (1656) com a *Danae* de Ticiano, de 1554 (Kunsthistorisches Museum de Viena): a forma e a translucidez da sombra que cobre parte do rosto da *Danae* de Ticiano não é muito diferente da que cobre parte do rosto do filho de Rembrandt; é certo aqui, sem necessitarmos de Wittkower, que o tratamento luz-sombra rembrandtiano tem a matriz em Ticiano e não em Caravaggio – é uma sombra que cai no corpo como velatura, um plano de transparência que nada oculta, por isso se dirá que, na obscuridade, Ticiano e Rembrandt admitem poder existir «vida» e modelam espaço. Isto quanto ao tratamento da luz, pois não se pode fazer o mesmo paralelo Ticiano-Rembrandt quanto à matéria pictórica, pois entre as velaturas de Ticiano e os venezianos e os *impastos* de Rembrandt as diferenças são sublinháveis. Apesar de que, entre os venezianos, Ticiano é o mais próximo de Rembrandt, sobretudo no seu chamado *late style*,[111] evidente no *S. Sebastião* (do Hermitage) e na *Pietá* de Veneza: neste *late style*, o encorpamento da matéria não forma um *impasto* ou empaste, mas as figuras dissolvem-se num magma expressionista.

Em Caravaggio, a sombra possui forma, uma forma própria, recai sobre ela própria, não se liga à figura, apenas a ela se justapõe numa coincidência de limiares e recortes. A sombra e a luz de Ticiano e Rembrandt são, diversamente de Caravaggio, da mesma natureza um do outro, porque não têm forma – *dão forma*. O «mundo» destes autores, Ticiano e Rembrandt, possui uma sombra que recebe luz e se torna tangível, sendo igualmente real e tangível o que nela se encontra. Se, em Caravaggio, existe apenas marcada luz e funda obscuridade, em Rembrandt existe luz, obscuridade e penumbra, *gerando uma atmosfera*. Ora, como vimos, em Caravaggio não há nem espacialidade nem atmosfera: a sombra isola a figura e esta a sombra; a obscuridade caravaggesca é o lugar onde não há nem haverá luz, nem vida, corpos ou objectos.

A luz e a obscuridade caravaggescas não respeitam (pictórica e literalmente), nem se ligam à vida, aos corpos e aos objectos circundantes.

O mais importante é que, em Caravaggio, não há mesmo nem luz nem obscuridade, mas puras invenções e inéditos corpos compactos. Concluindo, o nome próprio da «luz sem nome» caravaggesca só pode ser «pintura». Nem «luz» nem «obscuridade», apenas «coisa». Pictórica.

Talvez pictórica.

GALERIA DE IMAGENS

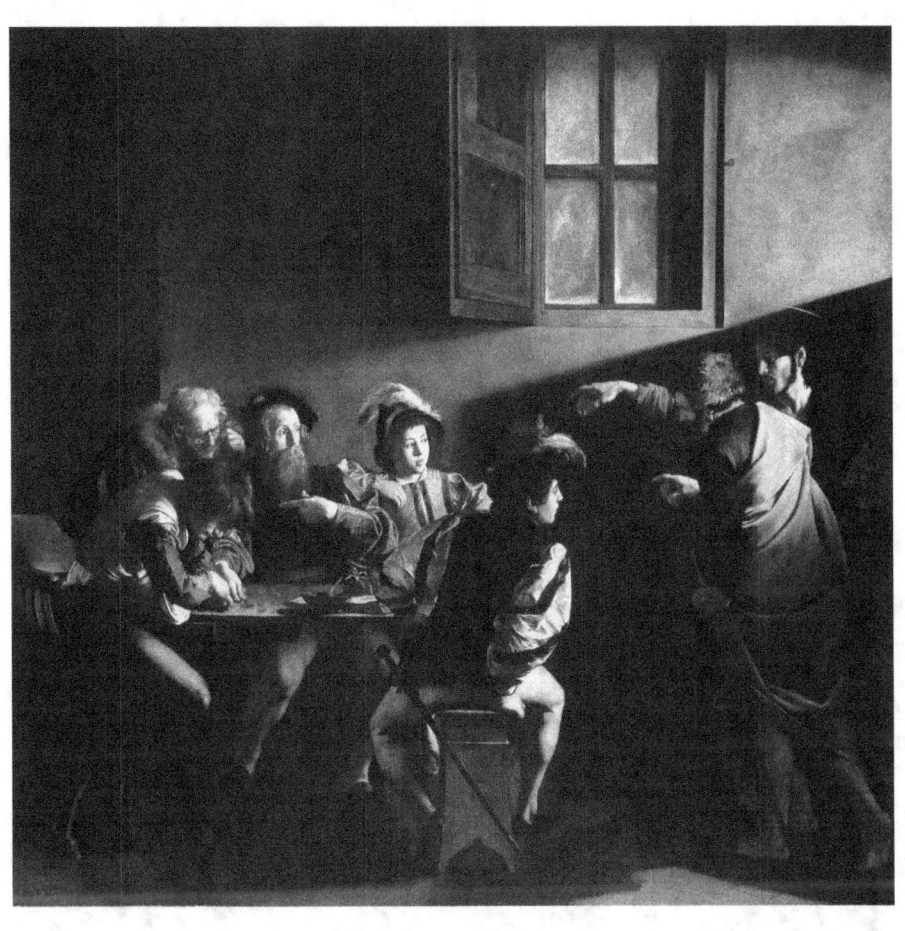

A. Caravaggio. *Vocação de Mateus*, 1599-1600. Roma, Igreja de S. Luís
dos Franceses (Capela Contarelli). © Photo SCALA, Florença.

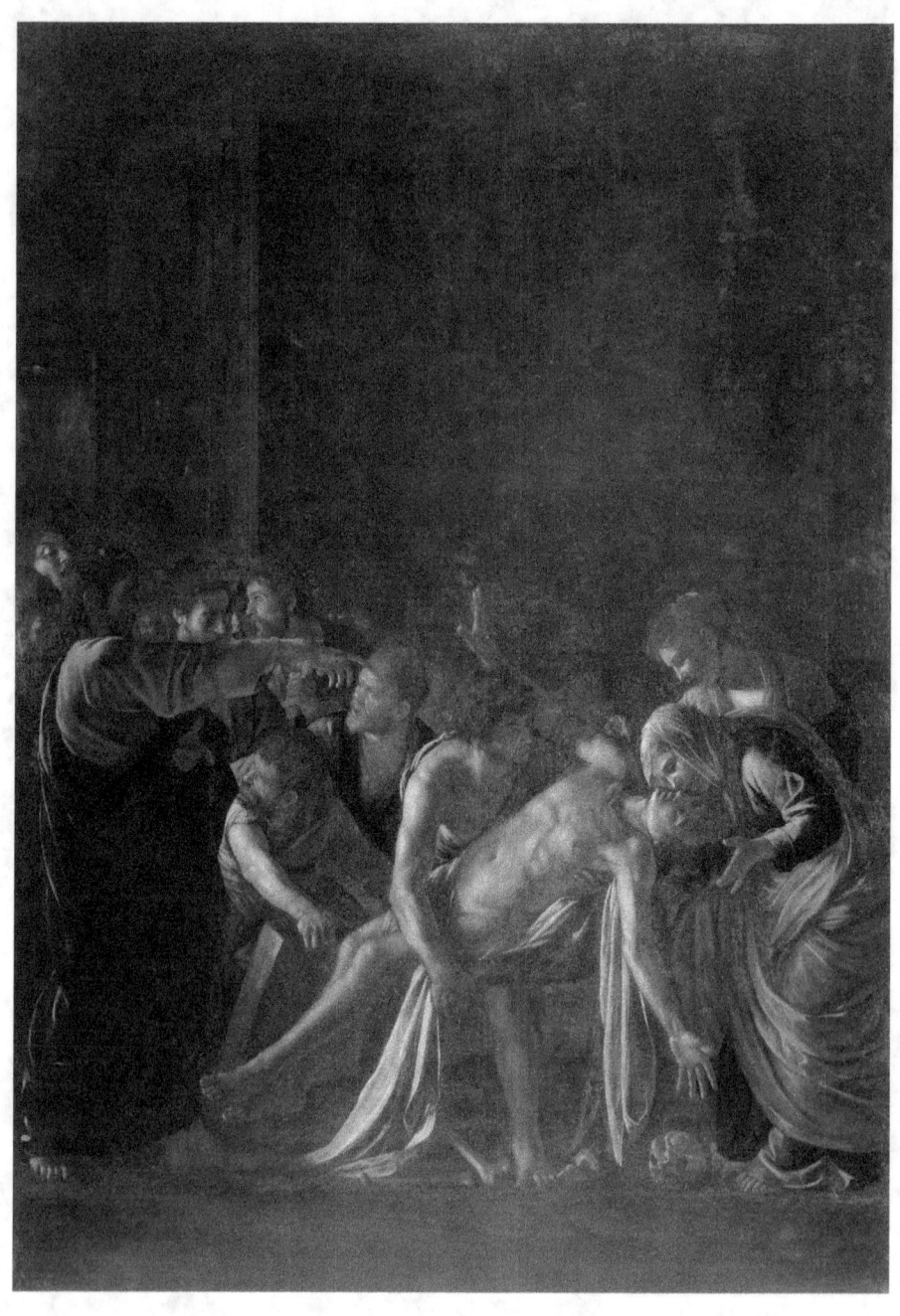

B. Caravaggio. *Ressurreição de Lázaro*, 1608-1609. Messina, Museu Regional.
© Photo SCALA, Florença.

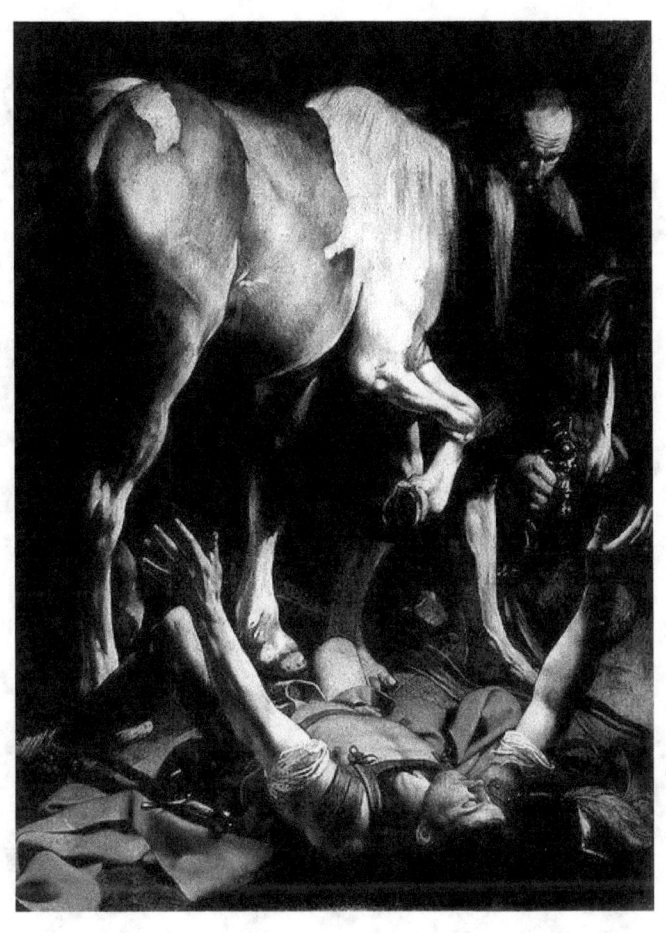

1. Caravaggio. *Conversão de S. Paulo*, 1600-1601. Roma, Igreja de Santa Maria del Popolo (Capela Cerasi).

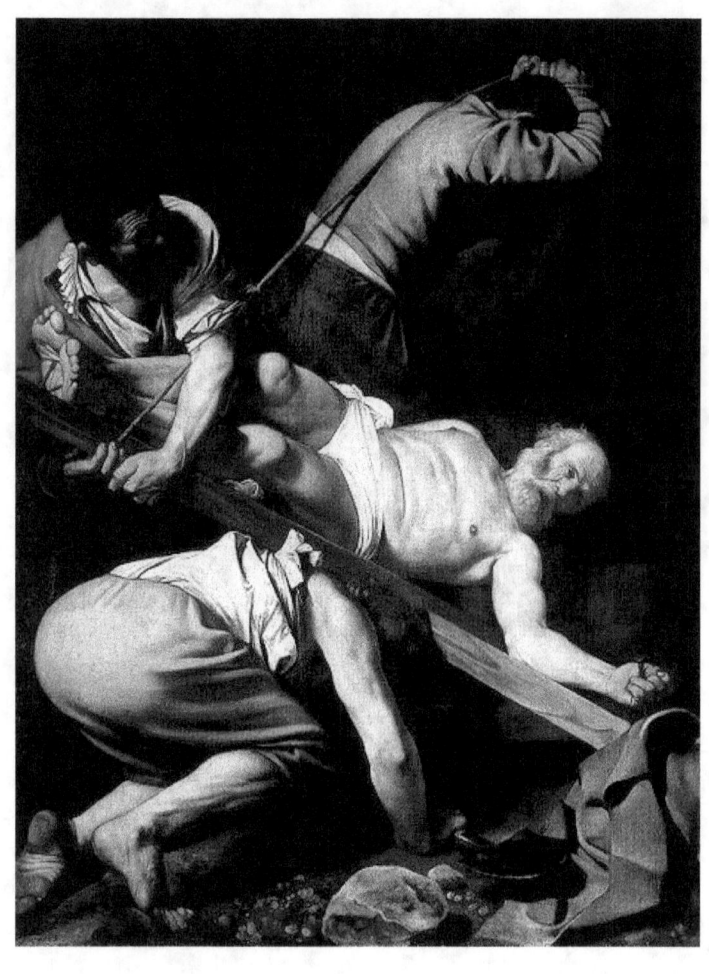

2. Caravaggio. *Crucificação de S. Pedro*, 1600-1601. Roma, Igreja de Santa Maria del Popolo (Capela Cerasi).

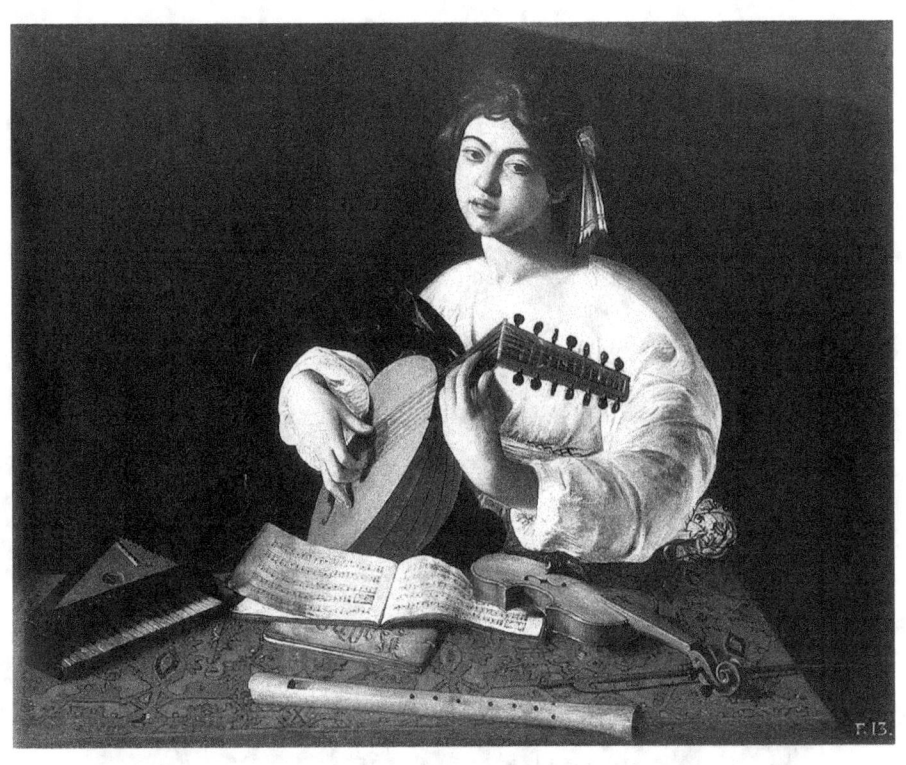

3. Caravaggio. *Músico de Alaúde*, cerca de 1596-97. Nova Iorque,
The Metropolitan Museum of Art.

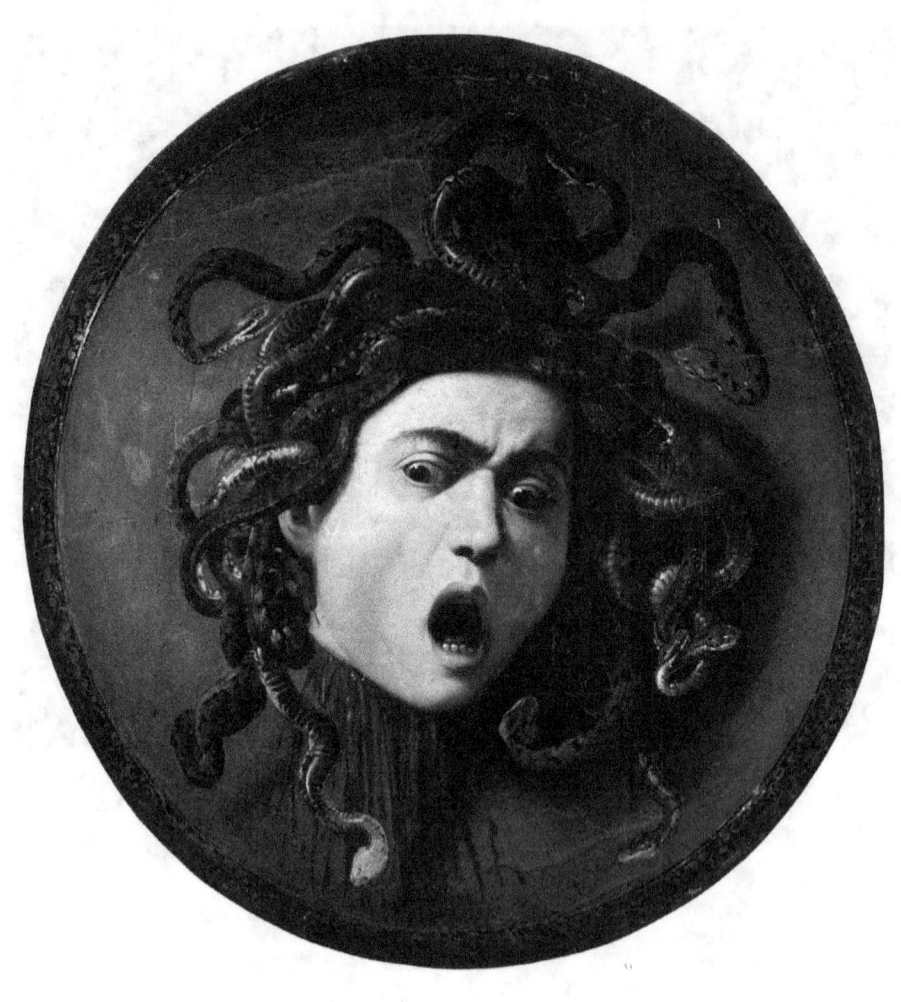

4. Caravaggio, *Cabeça de Medusa*, c. 1598. Florença, Uffizzi.

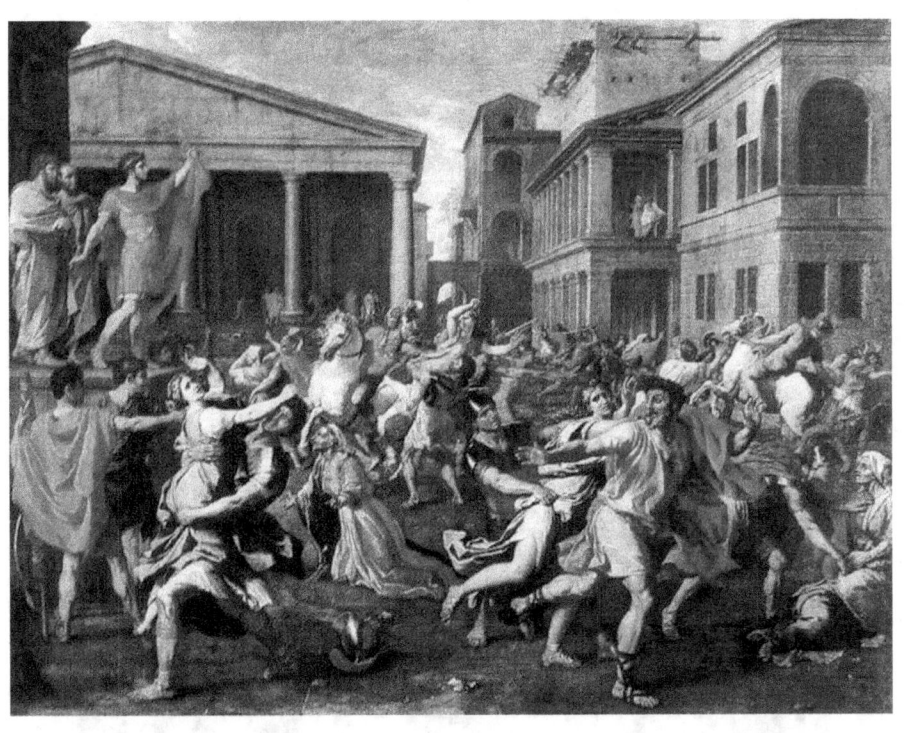

5. Poussin. *Rapto das Sabinas*, 1637-38. Paris, Louvre.

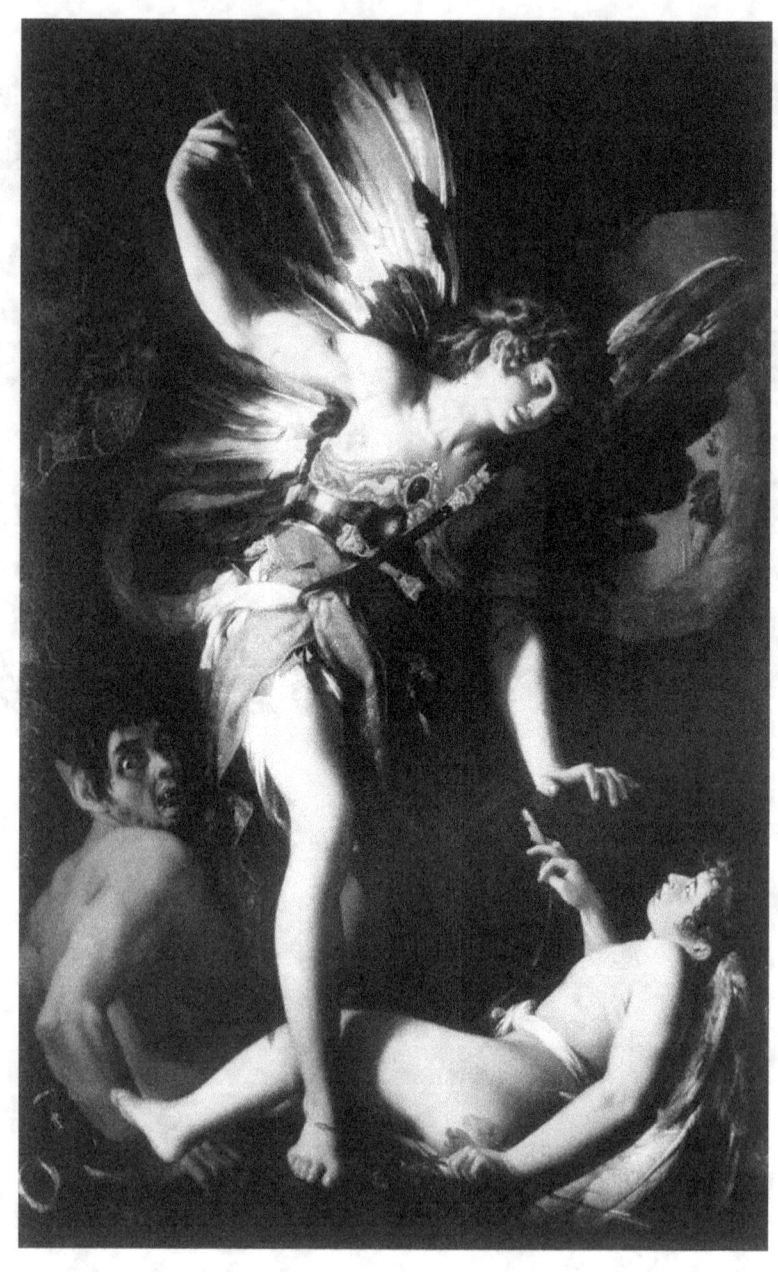

6. Giovanni Baglione. *Amor Sagrado e Amor Profano*, 1602-03. Roma, Galeria Nacional de Arte Antiga, Palácio Barberini, Roma.

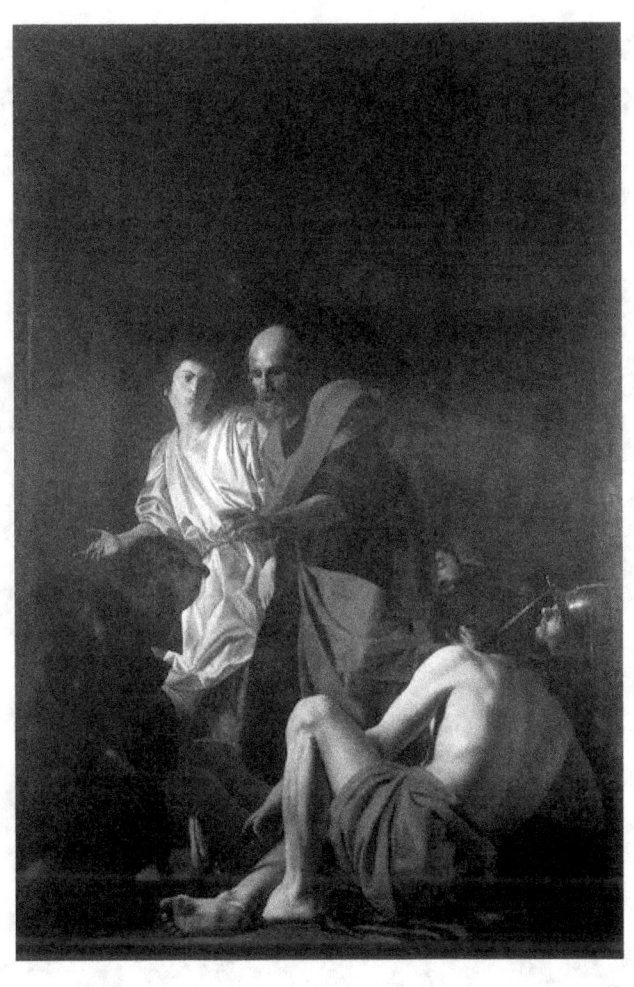

7. Caracciolo. *S. Pedro Liberto das Grilhetas*, 1615. Nápoles, Pio Monte
della Misericórdia.

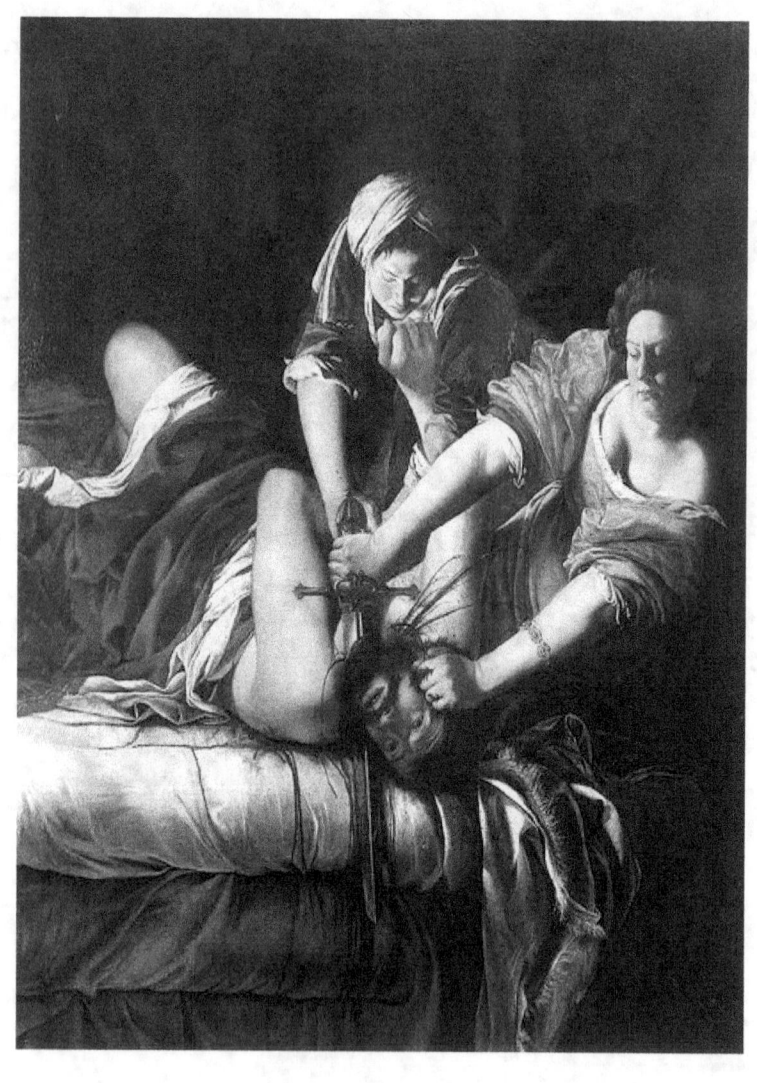

8. Artemisia Gentileschi, *Judite e Holofernes*, 1611-12. Nápoles, Museu di Capodimonte.

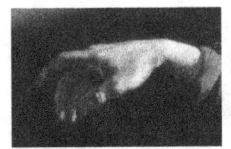

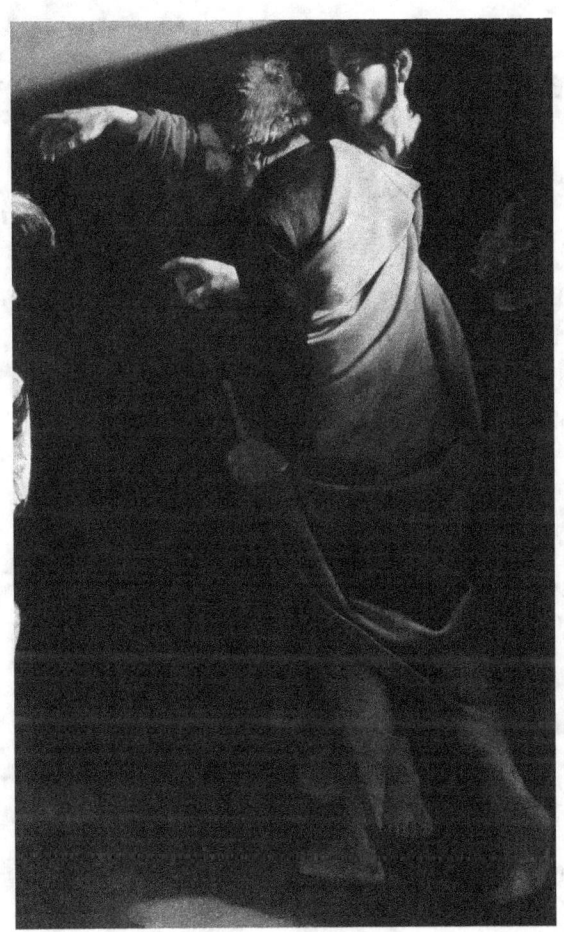

9. Caravaggio. *Vocação de Mateus*, **detalhe de A.**

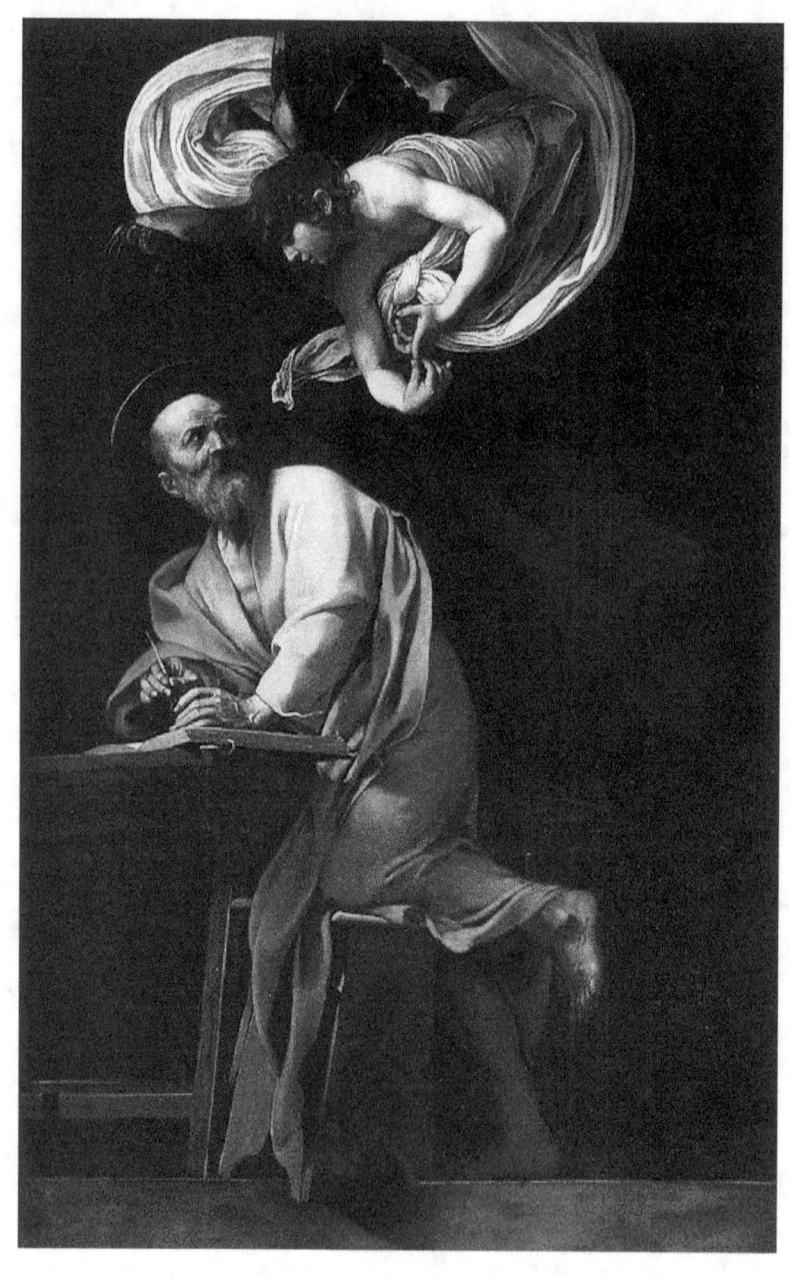

10. Caravaggio. *Mateus e o Anjo*, 1602. Roma, Igreja de S. Luís dos Franceses
(Capela Contarelli).

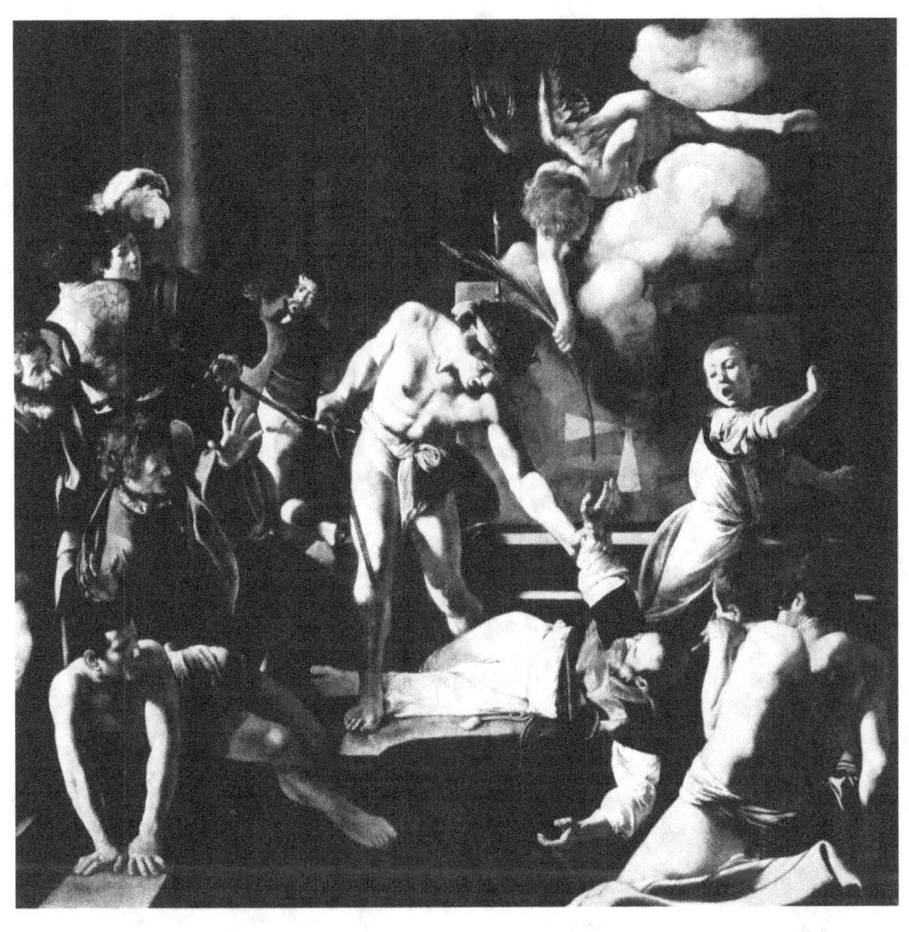

11. Caravaggio. *Martírio de S. Mateus*, 1599-1600. Roma, Igreja de S. Luís dos Franceses (Capela Contarelli).

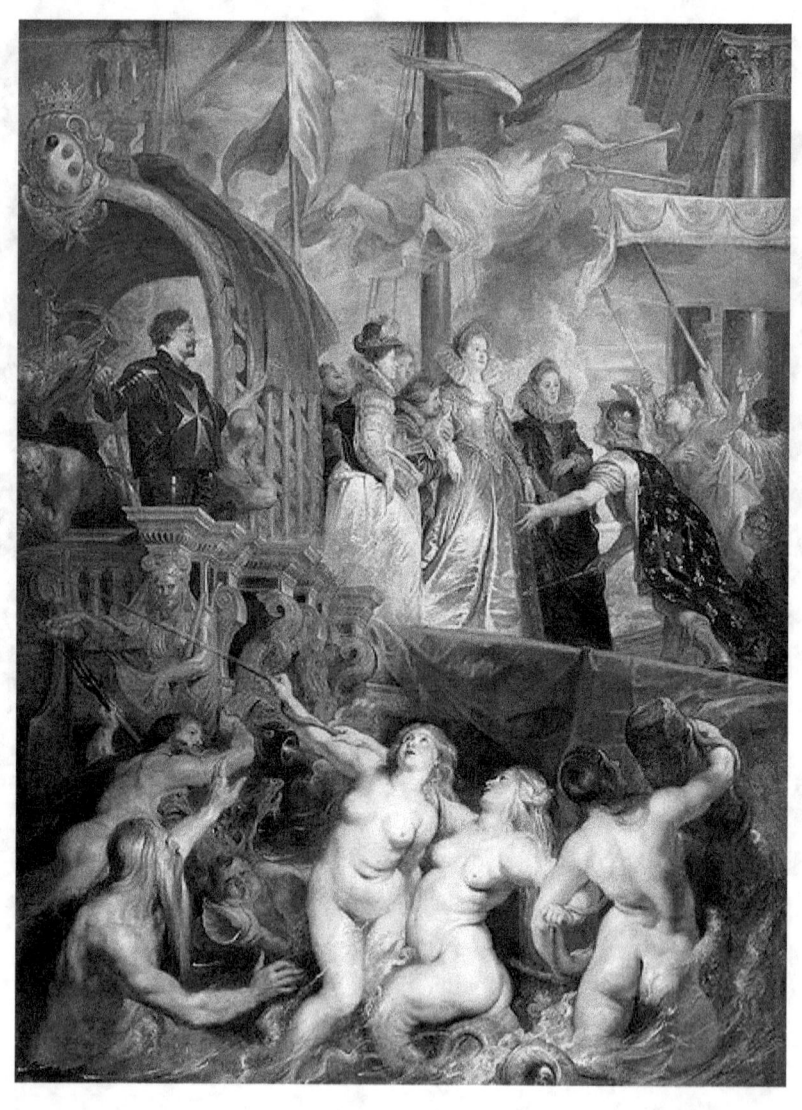

12. Rubens. *Chegada de Maria de Medicis a Marselha*, 1623-25. Paris, Louvre.

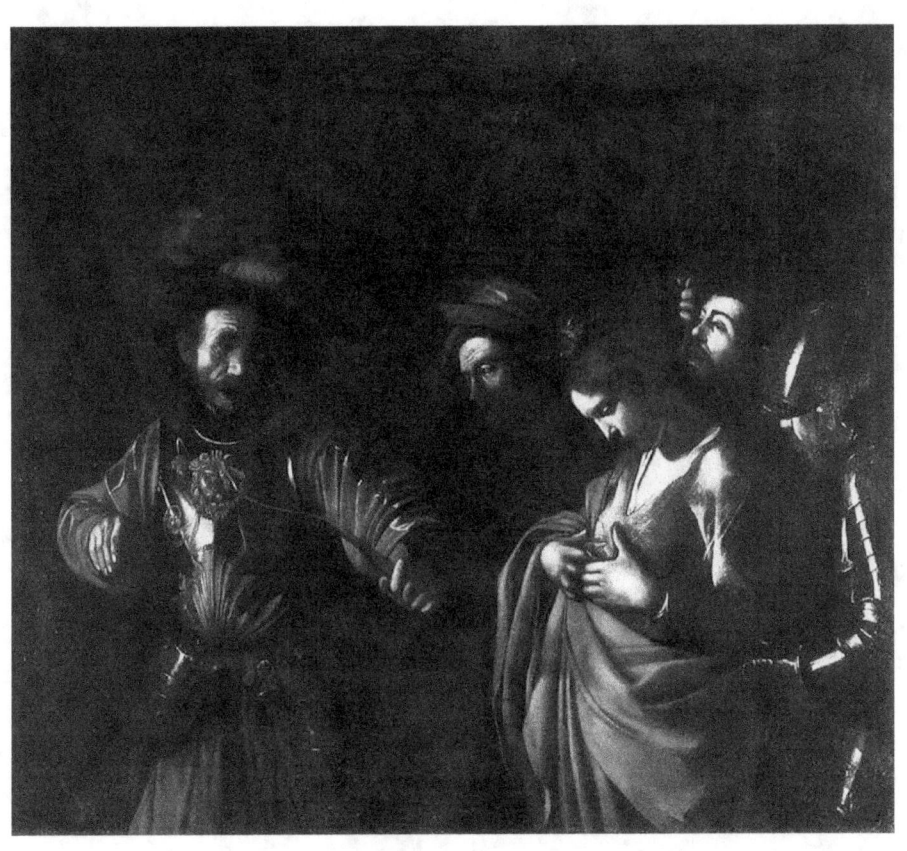

13. Caravaggio. *Martírio de Sta. Úrsula*, 1610. Nápoles, Banca Commerciale Italiana.

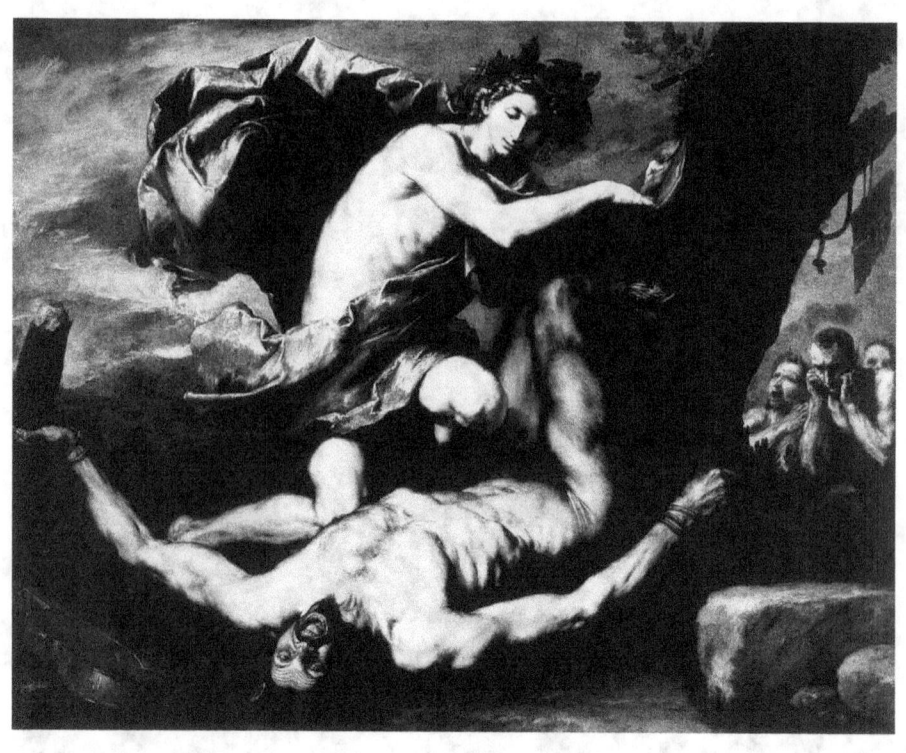

14. Jusepe de Ribera. *Apolo e Marsyas*, 1637. Nápoles, Museu di Capodimonte.

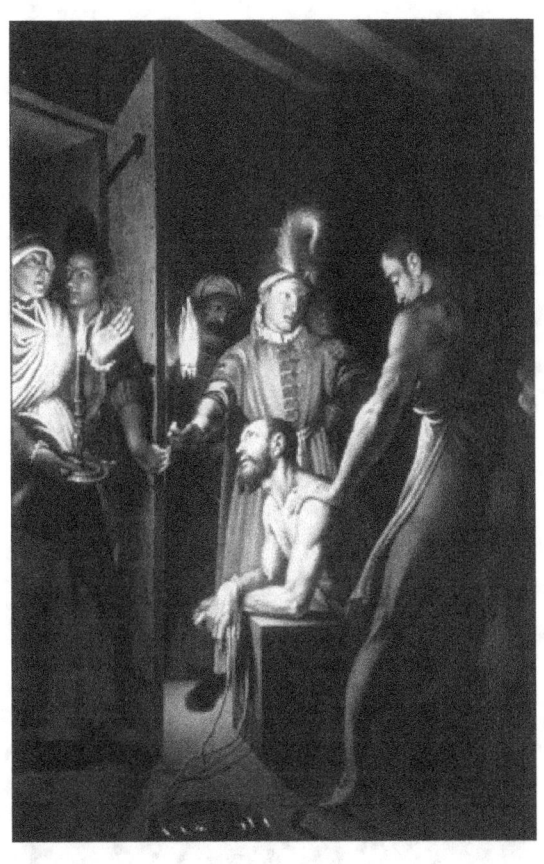

15. Antonio Campi. *Decapitação de S. João Baptista*, 1455-60. Milão, Igreja de S. Paulo Converso.

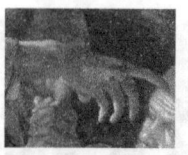

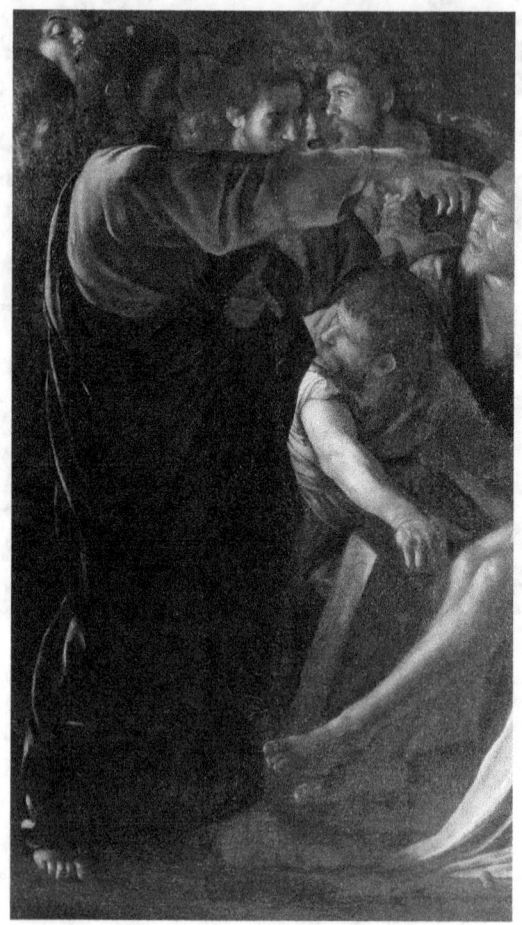

16. Caravaggio. *Ressurreição de Lázaro*, **detalhe de B.**

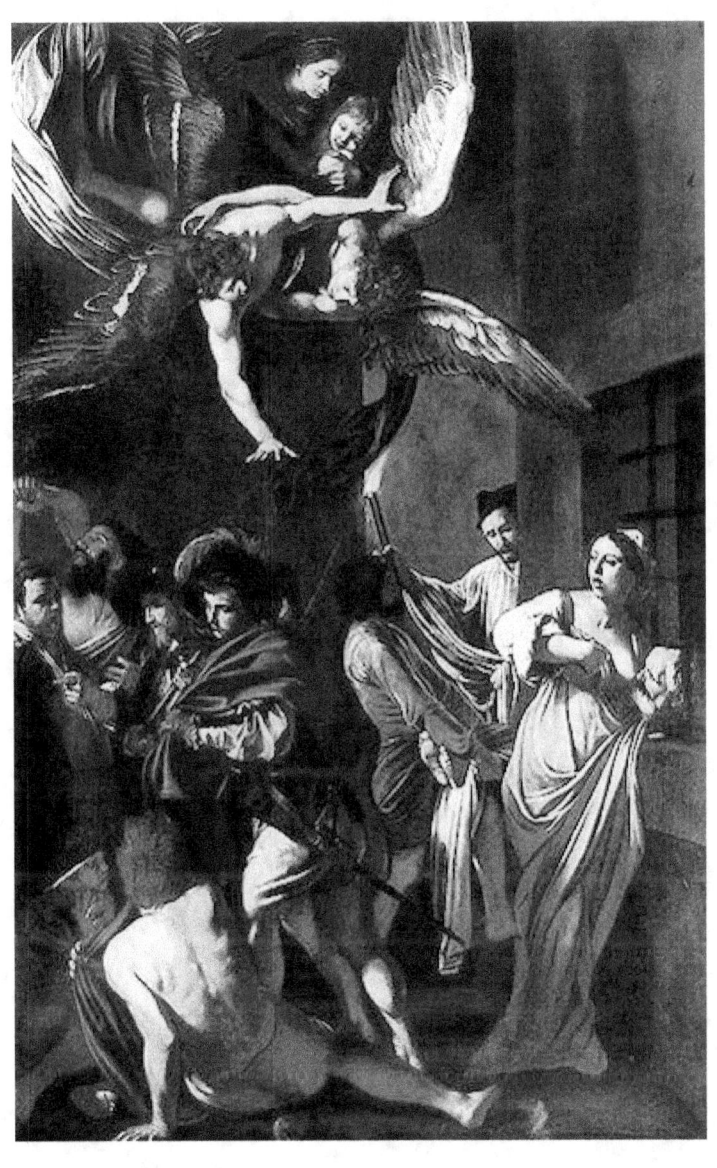

17. Caravaggio. *As Sete Obras da Misericórdia*, 1607. Nápoles, Pio Monte della Misericórdia.

NOTAS

NOTAS

[1.] Santo Agostinho, *A Cidade de Deus*, Lisboa, Gulbenkian, 1993 (Livro XI, IV), p. 993.

[2.] Abade Teodoro de Studium, «Poems on Images», citado por Belting, *Likeness and Presence: A History of the Image Before the Era of Art*, Chicago University Press, 1994, p. 508.

[3.] Com catálogo de Gianni Papi (org., comissário), *Caravaggio e caravaggeschi a Firenze*, Florença, Milão [expo Uffizi e Galleria Palatina, Palazzo Pitti, Florença, Maio – Outubro], Giunti, 2010. Exposição complementada (na mesma data) por Mina Gregori (org., comissária), *Caravaggio e la Modernità: I dipinti della Fondazione Roberto Longhi*, Florença [expo Cassa di Risparmio], Giunti, 2010.

[4.] Monumental e definitiva publicação: Cláudio Strinato, Alessandro Zuccari (orgs.), *I Caravaggeschi: Percorsi e protagonisti*, Milão, Skira, 2010.

[5.] Roberto Longhi (org., comissário), *Mostra del Caravaggio e dei caravaggeschi*, em *Il Caravaggio e i caravaggescgi di Roberto Longhi, 1943-1951*, Florença, Collana di Proporzioni, Fondazione di Studi di Storia dell'Arte Roberto Longhi, 2005.

[6.] Ver Arturo Galansino, «Dossier del *Dossier* Caravaggio», em André Berne-Joffroy, *Dossier Caravaggio*, Milão, 5 Continents, 2005, p. LXXXIV n12, onde se refere o estudo e a indexação destes dados no texto de Mina Gregori, «Significato delle mostre caravaggeschi dal 1951 ad oggi», em Mia Cinotti (org.), *Novità sul Caravaggio*, Milão, 1975.

[7.] Cfr. Capítulos VI, VII e VII de A. Berne-Joffroy, *Dossier Caravaggio*, ob. cit., pp. 34--67. O importantíssimo e pioneiro livro de Walter Friedlander, *Caravaggio Studies* (1955), reapresenta selectivamente a fundamental documentação reunida por A. Bertolotti, *Artisti Lombardi a Roma nei secoli XV, XVI e XVII*, Milão, 1881, ver capítulo «Documents Concerning Caravaggio's Life», em *Caravaggio Studies*, Nova Iorque, Schoken, 1969, pp. 267-293. A documentação importante de Bertolotti pode agora ser complementada (ou completada) pela recentemente exposta (e proveniente doa arquivos do estado italiano) na exposição *Caravaggio in Rome· Una Vita dal Vero*, na Universidade romana La Sapienza, importante documentação tratada por investigadores da Universidade Tor Vergata (Março – Maio, 2011).

[8.] Walter Friedlander, *Caravaggio Studies*, ob. cit.

[9.] O *corpus* dos estudos caravaggescos de Roberto Longhi está reunido nos seguintes volumes das suas obras completas: *Me Pinxit e Questi Caravaggeschi (1928-1934)*, Vol. II, Milão, Sansoni, 1992; *Studi Caravaggeschi (1943-1968)*, Vol XI/1, Sansoni; *Studi Caravaggeschi* (1935-1969), Vol. XI/II, Sansoni, 1992; *Studo e Ricerche sul Sei e Settecento (1929-1970)*, Vol. XII, Sansoni, 1992. Além do já referido, *Il Caravaggio e i caravaggescgi di Roberto Longhi, 1943-1951*, ob. cit. Disponível importante compilação francesa: *Le Caravage*, Paris, Regard, 2004.

[10.] Giovanni Baglione, *Le Vite de' Pittori, Scultori, et Architetti* (Roma, 1642), em *The Lives of Caravaggio: Mancini, Baglione, Bellori*, Londres, Pallas Athene, 2005, p. 39. (bilingue em: Howard Hibbard, Caravaggio, Nova Iorque, Harper and Row, 1985, p. 351; e Walter Friedlander, *Caravaggio Studies*, p. 231.)

[11.] Giovanni Baglione, *Le Vite de' Pittori, Scultori, et Architetti* (Roma, 1642), em *The Lives of Caravaggio: Mancini, Baglione, Bellori*, p. 41. (Provavelmente, sobre o *Rapaz Mordido por um Lagarto*, Baglione refere-se à versão da National Gallery de Londres.)

[12]. Ver então o utilíssimo e sintético «Catalogue des Oeuvres», em Mina Gregori, *Caravage*, Paris, Gallimard, 2005, p. 143. E podem adicionar-se os recentes estudos e também catálogos razonados: Sybille Ebert-Schifferer, *Caravage*, Hazan, 2009, e Sebastian Schütze, *Caravage: L'Oeuvre Complet*, Taschen, 2009.

[13]. Giovanni Pietro Bellori, *Vidas de Pintores*, Madrid, Akal, 2005.

[14]. Bellori, «Michelangelo da Caravaggio» de *Le Vite de' Pittori, Scultori, e Architetti Moderni* (1672), em *The Lives of Caravaggio: Mancini, Baglione, Bellori*, Londres, 2005, p. 57 (ou *Vidas de Pintores*, Madrid, Akal, 2005).

[15]. Bellori, «Michelangelo da Caravaggio», em *Vidas de Pintores*, Akal, ob. cit., p. 107.

[16]. Federico Borromeo, *De Pictura Sacra/Sacred Painting/Museum* [bilingue], Harvard University Press, 2010, pp. 5-9.

[17]. Ver, de Helen Langdon, um dos mais credíveis trabalhos biográficos sobre o pintor: *Caravaggio: A Life*, Londres, Pimlico, 1999.

[18]. De Andrew Graham-Dixon, o mais recente *Caravaggio: A Life Sacred and Profane*, Londres, Allen Lane/Penguin, 2010.

[19]. Cfr. Sybille Ebert-Schifferer, *Caravage*, ob. cit. Da mesma autora, com Julian Kliemann, Valeska von Rosen e Lothar Sickel (orgs.), *Caravaggio e il suo ambiente: Ricerche e interpretazione*, Milão, Silvana, 2007.

[20]. Ver «Documents Concerning Caravaggio's Life», em Friedlander, *Caravaggio Studies*, ob. cit., pp. 267-293.

[21]. Ver «The world of street and brothel», cap. VI da biografia de Helen Langdon, *Caravaggio: A Life*, pp. 131-153.

[22]. Ver Baldesar Castiglione, ed. port.: *O Livro do Cortesão*, Porto, Campo das Letras, 2008. Citado em Helen Langdon, ob. cit., p. 142.

[23]. Helen Langdon, *Caravaggio...*, p. 6.

[24]. . Ver «Documents Concerning Caravaggio's Life», em Friedlander, *Caravaggio Studies*, ob. cit., p. 283.

[25]. Cfr Goethe, *Viagem a Itália*, Lisboa, Círculo de Leitores, 1992.

[26]. Cfr. Antonio A. Palomino, *Vida de Don Diego Velázquez de Silva*, Madrid, Akal, 2008, p. 23.

[27]. Stendhal, *Promenades dans Rome*, Gallimard, 1997; ainda do escritor: *Rome, Naples et Forence*, Gallimard, 1987, e *Chroniques Italiennes*, Gallimard, 1973.

[28]. Stendhal, *Promenades dans Rome*, p. 135.

[29]. História descrita, entre outros documentos consultáveis, em Sebastian Schütze, *Caravage: L'Oeuvre Complet*, ob. cit., p. 259.

[30]. Stendhal, *Promenades...*, p. 370.

[31]. Consultar, de Jacob Burckhardt, as reedições fac-similadas (anteriores a 1923) de *Der Cicerone* : *Der Cicerone: Eine Anleitung Zum Genius Der Kunswerke Italiens*; *Der Cicerone: Eine Anleitung Zum Genius Der Kunswerke Italiens, Volume 2, & NBSP; Parts 1-2*, Milton Keynes, Lightning Source, 2010; e, em inglês, respeitante à pintura, *The Cicerone: An Art Guide to Painting in Italy. For the Use of Travellers and Students*, Milton Keynes, Lightning Source, 2011.

[32]. Ver Claudio Strinati (org., comissário), *Caravaggio* [expo Roma, Scuderie del Quirinale, Fevereiro-Junho, 210], Skira, 2010, pp. 106-115 (sobre a primeira versão da *Conversão de S. Paulo*, catálogo Quirinale – texto de Francesco Buranelli). Falando da perda de sublimidade e de «grosseria» pictórica, Burckardt, com efeito, refere-se à versão (segunda versão da *Conversão*) da Igreja de Santa Maria del Popolo – ver *The Cicerone: An Art Guide to Painting in Italy. For the Use of Travellers and Students*, p. 237.

[33]. De novo, *The Cicerone: An Art Guide to Painting in Italy. For the Use of Travellers and Students*, ob. cit. A referência à Medusa vem na p. 241: diz então Burckhardt que no lugar de uma figura decepada, Caravaggio parece pintar alguém a quem foi extraído um dente (!?). Mas convém ler desde a p. 237 para melhor se perceber e desvalorização burckhardtiana de Caravaggio. Os comentários de Burckhardt são ainda citados por Herbert Lindenberg, em *Opera in History: From Monteverdi to Cage*, Stanford University Press, 1998, p. 34 (num curioso capítulo onde Caravaggio é analisado em contexto com Monteverdi e John Donne).

[34]. Ver *The Maxims and Sayings of St Philip Neri*, Potosi (Wis.), St Athanasius Press, 2010, pp. 15, 22. Sobre Filipe Neri: Frederick William Faber, *The Spirit and Genius of St. Philip Neri*, Bibliobazaar (Segundo edição fac-similada de 1850); Maurizio Calvesi é, dos autores recentes, um dos que mais insiste na ligação (mística) de Caravaggio ao pensamento do santo oratoriano e à Ordem; ver Calvesi, «Caravaggio: L'arte eccelsa di un pittore calunniato», em Anna Coliva e Michael Peppiat (orgs., comiss., expo *Caravaggio – Bacon*, Roma, Galleria Borghese, Outubro – Janeiro, 2010), Federico Motta, 2009, p. 53.

[35]. Ver «Documents Concerning Caravaggio's Work», em Friedlander, *Caravaggio Studies*, ob. cit., pp. 294-301.

[36]. Ver Sebastian Schütze, *Caravage: L'Oeuvre Complet*, p. 102.

[37]. Joseph Ratzinger/Bento XVI [Pope Benedict XVI], *The Apostles*, Huntington, Our Sunday Visitor, 2007, pp. 89-93.

[38] Joseph Ratzinger/ Bento XVI, *Jesus de Nazaré*, Lisboa, A Esfera dos Livros, 2007, pp. 237-277.

[39]. Refiro-me à tradução inglesa de Lionello Venturi, *From Leonardo to El Greco*, Skira, 1959, p. 240.

[40]. O trabalho pioneiro de estudiosos como Herman Voss, Kallab, Venturi ou Nikolaus Pevsner, está muito bem documentado, como referi, em André Berne-Joffroy, *Dossier Caravaggio*, Milão, 5 Continents, 2005.

[41]. De Roberto Longhi, para além do citado *Mostra del Caravaggio e dei caravaggeschi*, Florença, Sansoni, 1951, ver nota 9 supra.

[42]. Cfr. Rudolf Wittkower, *Art and Architecture in Italy 1600-1750: I. Early Baroque*, Yale University Press, 1999; e a monografia Bernini: Sculptor of the Roman Baroque, Phaidon, 1999.

[43]. A oposição entre Carracci e Caravaggio, entre uma linhagem que provém de Rafael e da sua idealização cromática e formal e a rudeza humana caravaggesca vem, como se sabe de Bellori e do seu *Le Vite de' Pittori, Scultori e Architetti Moderni* (1672). Panofsky, em *Idea: Contribuição à História do Conceito da Antiga Teoria da Arte*, São Paulo, Martins Fontes, cita em Apêndice o início da biografia de Carracci por Bellori, onde este defende o bolonhês como o legítimo descendente de Rafael contra o carácter destrutivo de Caravaggio e Arpino (pp. 157-158). Ver o texto completo de Bellori sobre Carracci em *Vidas de Pintores*, Madrid, Akal, 2005 (pp. 51-105). Esta oposição, assim tão declarada não é satisfatória nem partilhada por Wittkower. Ver *Art and Architecture in Italy 1600-1750: I. Early Baroque*, ob. cit., pp. 19, 27.

[44]. Giulio Mancini, *Considerazioni sulla Pittura* (1621) em *The Lives of Caravaggio: Mancini, Baglione, Bellori*, Londres, Pallas Athene, 2005. Ver texto original em Hibbard, ob. cit., ou Friedlander, *Caravaggio Studies*, p. 255.

[45]. Ver John Rupert Martin, *Baroque*, Boulder (Col.), Westview, 1977, p. 223.

[46].Quanto a este propósito da ausência de produção desenhística em Caravaggio há que registar um episódio recente (2012), e *episódio* apenas porque sem fundamentos técnico--teóricos para alicerçar um debate histórico ou temático. Refiro-me à infeliz (porque eivada de ruído inconsequente) tentativa de dois autores sem experiência ou qualquer bibliografia nos estudos caravaggescos, os quais levados por metodologia inaceitável (comparação de desenhos de «juventude» com originais futuros acabados), acusando ainda (e é normal nestes casos) autores experientes ou especialistas (neste caso, Mina Gregori) de monopolizarem esta área de investigação e o trabalho de Caravaggio, dois autores, dizia, de nome Maurizio Bernardelli Curuz e Adriana Conconi Fedrigolli que, através de uma estranha estratégia (a edição de um e-book), anunciaram, pasme-se, a "descoberta" de 100 desenhos do pintor lombardo (!!??). Operação falhada até mesmo no *site* da amazon.com de onde o livro desapareceu misteriosamente por «motivos técnicos» (trata-se de: Maurizio Bernardelli Curuz e Adriana Conconi Fedrigolli, *Young Caravaggio, One Hundred Rediscovered Works: The Discovery that Revolutionizes Our Understanding of the Artist* (Vols. 1 e 2), versão inglesa consultada, Brescia, Fondazione Dominato Leonense, 2012 [e-book]). Posteriormente, a dupla Curuz/Fedrigolli, numa concorrida conferência de imprensa, prossegue ataques a críticos e jornalistas (como Marco Vallora, do *La Stampa*, que afirmaria «questo non è un convegno. Sento solo fandonie», ou seja, uma patranha, como noticiado em 20/7/2012 no *Corriere*

della Sera, o jornal mais atento ao *affaire*). De que se tratou então este *affaire* e como se iniciou? Antes da conferência, naturalmente, a dupla "anunciou" ao mundo ter descoberto e atribuído, ou descoberto porque efectivou, julgou efectivar, tais atribuições, cerca de 100 desenhos de Caravaggio («desenhos», para ampliar a provocação) no chamado Fondo Peterzano (de Simone Peterzano, primeiro mestre do lombardo entre 1584 e 1588) do Palácio Sforza de Milão. Um fundo de obras bastante conhecido de todos os especialistas e estudiosos que nunca aí viram qualquer razão para nada do género, e de Caravaggio, poder estar contido – fazendo recordar o delírio decimonónico, quando a cada dia que passava se descobria um novo Miguel Ângelo ou um novo Ticiano. Contestado, Curuz afirmou-se perseguido «politicamente» (!?) – *Corriere della Sera*, 24/7/2012. A base destas atribuições era a seguinte: alguns destes desenhos tinham poses, expressões, rostos, gestos, situações, etc., que algumas das obras maduras de Caravaggio pareciam repetir, reutilizar ou pela primeira vez utilizar – quereria isto dizer que, na sua fase de aprendizagem, Caravaggio já tinha decidido tudo o que no futuro iria fazer (obras e temas, independentemente de qualquer política de encomendas); portanto, estaríamos perante um adivinho que saberia que lhe encomendariam a obra X, Y, Z, sobre os temas A, B, C, D............ Sem mais comentários, naturalmente.

Deixo aqui seguidamente uma lista seleccionada de artigos do *Corriere...*, que acompanhou atentamente o caso: Armando Stella, «"Caravaggio, causa per danni": Blindati i disegni del Castello», *Corriere della Sera* [proveniência dos restantes títulos seguidamente referidos], 30/7/2012; Alessandra Troncana, «Caravaggio oppure no Dotti: "Ecco l'ennesimo errore". Curuz: "Complotto politico"?», 24/7/2012; da mesma autora, «Disegni di Caravaggio, lite tra il critico Curuz e un giornalista», 20/7/2012; Armando Stella, «Le visite fantasma e i disegni sul pc Giallo su Caravaggio», 11/7/2012; Luca Angelini, «"Non è Caravaggio": L'ultimo attaco arriva de Brescia», 10/7/2012; Roberta Scorranese, «L'attribuizione contestata a Caravaggio "Storici scettici? Sono un monopolio"», 9/7/2012; Pierluigi Panza, «Il giallo dei disegni di Caravaggio», 6/7/2012.

47. Ver «Qualités artistiques», cap. IV de Sybille Ebert-Schifferer, *Caravage*, pp. 241-267.

48. Entre infindas hipóteses, veja-se esta história do desenho italiano no Renascimento desde Fra Angelico, documentando a sua evolução, funções e técnicas bem como o seu papel na aprendizagem da pintura, ainda o seu legado ou desempenho futuro e a história do gabinete de desenhos dos Uffizzi: Hugo Chapman e Marzia Faietti (orgs.), *Fra Angelico to Leonardo: Italian Renaissance Drawings* [expo British Museum, Londres, Abril-Julho, 2010), The British Museum Press, 2010.

49. Anthony Blunt, *Arte y Arquitectura en Francia 1500-1700*, Madrid, Cátedra, 1998, p. 282.

50. Félibien, *Entretiens sur les Vies et les Ouvrages des plus Excellents Peintres Anciens et Modernes, Livres I et II*, Paris, Les Belles Lettres, 2007, p. 66.

51. Roger de Piles, *L'Idée du Peintre Parfait* (de *Abrégé de la Vie des Peintres*), Gallimard, 1993.

52. Roger de Piles, «Pierre Paul Rubens», em *L'Idée du Peintre Parfait*, pp. 113-126.

53. Antes de, no seu último livro (*The Moment of Caravaggio*, 2010), ter Michael Fried postulado a tese de que Caravaggio era o «inventor da absorção», já a tinha esboçado nos mesmos termos num relativamente antigo ensaio na *Critical Inquiry*; trata-se de um texto absolutamente imprescindível para a compreensão da obra teórica de Fried, podendo nós, desde aqui, ligar a absorção (ou imersão) caravaggesca à absorção que o autor americano detecta (com Diderot) na pintura francesa do século XVIII (que, de certo modo, é fundadora da antiteatralidade moderna); refiro-me a: «Thoughts on Caravaggio», *Critical Inquiry*, 24 (1), The University of Chicago Press, Outono, 1997 (pp. 13-56). Este tema da absorção, de que o livro mencionado na nota seguinte é objecto sistematizador, trabalha-o Michael Fried, desde Caravaggio à fotografia recente. Como em *Why Photography Matters as Art as Never Before*, Yale University Press, 2008.

54. Michael Fried, *Absorption and Thetricality: Painting and Beholder in the Age of Diderot*, The University of Chicago Press, 1980. pp. 131-132.

55. Fried, *The Moment of Caravaggio*, Princeton University Press, 2010.

NOTAS

56. Ver, a este propósito, AA. VV., *Darkness & Light: Caravaggio & His World*, The Domain, Art Gallery of New South Wales, Melbourne, National Gallery of Victoria, 2003. Ver também notas 3 e 4 supra.

57. Mieke Bal, também especialista em estudos rembrandtianos, diagnostica a omnipresença de Caravaggio na arte contemporânea em *Quoting Caravaggio: Contemporary Art, Preposterous History*, University of Chicago Press, 1999.

58. Walter Friedlander, *Caravaggio Studies*, p. VII.

59. Ver nota 53.

60. Ver Filippo Baldinucci, Vocabulario Toscano dell'Arte Del Disegno, ed. fac-similada em *<http://books.google.pt/books?id=VccDAAAAYAAJ&printsec=frontcover#v=onepage&q=&f=false>*, pp. 124 e segs.

61. Plínio, o Velho, *Natural History: A Selection*, Penguin, 2004, p. 325.

62. Ver Louis Marin, *To Destroy Painting*, University of Chicago Press, 1995. E também, do mesmo autor, *Sublime Poussin*, Stanford University Press, 1999.

63. Leonardo da Vinci, *On Painting* (Martin Kemp, org.), Yale University Press, 1989, p. 16.

64. *Ibidem*, p. 15.

65. *Ibidem*, p. 25.

66. Leonardo da Vinci, *Les Carnets de Léonard de Vinci*, Vol. II (Edward Maccurdy, org.), Gallimard, p. 356.

67. Svetlana Alpers, *The Making of Rubens*, Yale University Press, 1996, pp. 101-157.

68. Antonio Palomino, *Vida de D. Diego Velázquez de Silva*, pp. 28 e 37. E ainda, Bernard Berenson, *Caravaggio: Delle sue Incongruenza e della sua Fama*, Milão, Abscôndita, 2006, p. 50.

69. Cennino d'Andrea Cennini, *The Craftsman's Handbook*, Nova Iorque, Dover, 1960, pp. 5-6.

70. Em *Caravaggio: Delle sue Incongruenza...*, estabelece Bernard Berenson uma distinção que aplica a Caravaggio, entre artista «arcaico» e «arcaizante»; Caravaggio é um artista «arcaico», que é aquele que comove como inventor espontâneo de formas, mas que não consegue atingir a plenitude do classicismo (Rafael, por exemplo, sempre Rafael); o artista «arcaizante» é um mero imitador do «arcaico». Ver também o capítulo dedicado a Berenson em André Berne-Joffroy, *Dossier Caravaggio*, pp. 325-349.

71. Berenson, ob. cit., p. 68.

72. Ver Svetlana Alpers, *The Making of Rubens*, Yale University Press, 1996, analisando a autora no ultimo Capítulo a obra *Sileno Bêbado*.

73. Ver Hans Blumenberg, *The Legitimacy of the Modern Age*, The MIT Press, 1985, p. 243. E Erich Auerbach, *Mimesis*, São Paulo, Perspectiva, 2004, p. 2.

74. De novo, Cennino Cennini, ob. cit., p. 5, e Victor I. Stoichita, *A Short History of Shadow*, Londres, Reaktion, 1999, p. 89.

75. John Ruper Martin, *Baroque*, p. 223.

76. Bellori, *Vidas de Pintores*, Madrid, Akal, 2005, p. 116.

77. Rudolph Wittkower, *Art and Architectures in Italy 1600-1750. I. Early Baroque*, Yale University Press, 1999. pp. 24-25.

78. Ver Robert Grosseteste, *De Luce/On Light*, Milwaukee, Marquette University Press, 2000.

79. *O Primeiro Livro de Moisés chamado Génesis*, em *Bíblia Ilustrada*, Vol. I [trad. João Ferreira Annes de Almeida e org. José Tolentino de Mendonça], Lisboa, Assírio & Alvim e Círculo de Leitores, 2006, pp. 19-126.

80. Jacques Lacan, *Seminar XX: On Feminine Sexuality, The Limits of Love and Knowledge, 1972-1973 (Encore)*, Nova Iorque, Londres, WW Norton, 1999, p. 116.

81. Ver o já conhecido trabalho de André Berne-Joffroy, *Dossier Caravaggio*, pp. 40-56, sobre Kallab, e pp. 202-227, sobre Hermann Voss.

82. Baglione, ob. cit., em *The Lives of Caravaggio: Mancini, Baglione, Bellori*, pp. 43, 45.

83. Bellori, *Vidas de Pintores*, p. 108.

84. Keith Christiansen (org.), *The Age of Caravaggio*, Nova Iorque, The Metropolitan Museum of Art, Electa, Rizzoli, 1985.

85. Ver Richard E. Spear, *From Caravaggio to Artemisia: Essays on Painting in Seventeenth-Century Italy and France*, Londres, Pindar Press, 2002.

[86]. Howard Hibbard é um notável historiador de temas renascentistas e autor das monografias: *Michelangelo: Painter, Sculptor, Architect*, Secaucus (New Jersey), Chartwell, 1978; e Caravaggio, Nova Iorque, Harper and Row, 1985.

[87]. Roberto Longhi, *Le Caravage*, Regard, 2004, pp. 109-167.

[88]. Assunto já referido. Ver *Art and Architectures in Italy 1600-1750: I. Early Baroque*, p. 19.

[89]. Referencial é a biografia de Helen Langdon, *Caravaggio: A Life*, ob. cit.

[90]. Cito Mina Gregori, *Caravage*, ob. cit.

[91]. Evento testemunhado pelos seus biógrafos Mancini, Baglione e Bellori.

[92]. Ver Bernard Berenson, *Caravaggio: Delle sue Incongruenze e della sua Fama*, ob. cit.

[93]. Ver Antonio Palomino, *Vida de D. Diego Velázquez de Silva*, Madrid, Akal, 2008, pp. 28-32.

[94]. *Ibidem*, pp. 37-43.

[95]. *O Primeiro Livro dos Reis*, em *Bíblia Ilustrada*, Vol. III, trad. João Ferreira Annes de Almeida e org. José Tolentino de Mendonça, Lisboa, Assírio & Alvim e Círculo de Leitores, 2006 (VIII, 12), p. 155.

[96]. Mina Gregori, *Caravage*, ob. cit.

[97]. Sobre o italiano de vivência espanhola, com fama de rival de Velázquez (facto negado por muitos autores), ver a antologia de *Francisco Calvo Serraller* (org.), *Teoria de la Pintura del Siglo de Oro*, Madrid, Cátedra, 1991, pp. 259-335.

[98]. Leo Bersani e Ulysse Dutoit, *Caravaggio's Secrets*, The MIT Press, 1998, pp. 1-13.

[99]. Terry Eagleton (introdução de), *Jesus Christ: The Gospels*, Verso, 2007, p. ix.

[100]. Giulio Carlo Argan citado por Mina Gregori, *Caravage*, ob. cit., p. 49.

[101]. Ver John Spike, Caravaggio, Nova Iorque, Londres, Abbeville, 2001, pp. 220-221.

[102]. Ver, por exemplo, Sócrates de Constantinopla [Socrate de Constantinople], *Histoire Ecclésiastique*, Livro I (I, XIX, 1-7), Éditions du Cerf, 2004, p. 191. Ainda, *The Roman Martyrology (In which are to be found the Eulogies of the Saints and Blessed approved by the Sacred Congregation of Rites up to 1961)*, Westminster, The Newman Press, 1962, p. 206.

[103]. Jacques de Voragine, *La Légende Dorée, Vol II*, Paris, Flammarion, 1967, pp. 213-218. Também Concepción Garcia Lázaro e Gonzalo Aranda Pérez (orgs.), *Hechos de Andrés y Mateo en la ciudad de los antropófagos: Martírio del Apóstol San Mateo: Apócrifos Cristianos*, Madrid, Ciudad Nueva (s/d).

[104]. Ler, de Ratzinger/Bento XVI, *Saint Paul*, San Francisco, Ignatius Press, 2009, pp. 66-67. Ou *Jesus de Nazaré: Da Entrada em Jerusalém até à Ressurreição*, Principia, 2011, pp. 197-224. Depois, sobre o carácter *prescritivo* da ressurreição em S. Paulo ler, do capítulo XV da primeira *Epístola aos Coríntios*:

‹1. Também, irmãos, vos notifico o Evangelho, que já denunciado vos tenho, o qual também recebestes, em o qual também estais.

2. Pelo que também salvos sois, se naquela maneira o retiverdes, em que denunciado vo-lo tenho: Se não é que em vão crestes.

3. Porque primeiramente vos entreguei o que também recebi, que Cristo morreu por nossos pecados, segundo as Escrituras:

4. E que foi sepultado, e que ao terceiro dia ressuscitou, segundo as Escrituras:

(...)

12. Ora, se se prega que Cristo dos mortos ressuscitou, como dizem alguns de entre vosoutros, que ressurreição dos mortos não há

13. E se ressurreição dos mortos não há, também Cristo não ressuscitou.

14. E se Cristo não ressuscitou, vã é logo nossa pregação, e vã é também vossa fé.

15. E assim somos também achados falsas testemunhas de Deus: pois de Deus testeficamos, que a Cristo ressuscitou, ao qual porém não ressuscitou, se na verdade os mortos não ressuscitam.

(...)

20. Mas agora já Cristo dos mortos ressuscitou, e as primícias dos que dormiram foi feito.

21. Pois porquanto a morte veio por um homem, também por um homem a ressurreição dos mortos veio.

22. Porque assim como em Adão todos morrem, assim também em Cristo todos vivificados serão»

(*Coríntios I*, XV, 1-22)

105. Paulo, como Lenine, são modelos revolucionários para Alain Badiou, na medida do seu específico «materialismo»: Lenine através de uma nova sociedade que não pré-existe à revolução, Paulo através do ensinamento de que o sujeito cristão não pré-existe ao que ele próprio, sujeito, declara e prescreve. Deste modo: «1 / O sujeito cristão não pré-existe ao acontecimento que ele próprio declara (a Ressurreição de Cristo). Discutimos depois as condições extrínsecas da sua existência e identidade. Mas não é requerido ser-se judeu (ou circuncidado), nem ser-se grego (ou sábio). (...) 2 / A verdade é absolutamente subjectiva (ela é da ordem de uma declaração que atesta uma convicção quanto ao acontecimento). Podemos depois discutir toda e qualquer subsunção do seu devir a uma lei. Passar-se simultaneamente por uma crítica radical da Lei judaica, tornada obsoleta e nociva, da Lei grega, pela subordinação do destino a uma ordem cósmica, que não é mais do que uma ignorância "sábia" (...). 3 / A fidelidade à declaração é crucial, uma vez que a verdade é um processo e não uma iluminação. (...) 4 / Uma verdade é, em si-mesmo, indiferente ao estado da situação, por exemplo ao Estado romano. O que quer dizer que ela é subtractiva à organização dos subconjuntos que prescreve esse estado. A subjectividade correspondente a essa subtracção é uma necessária distância em face desse Estado, e ao que nele corresponde como mentalidades: um aparelhamento das opiniões». (Badiou, *Saint Paul: La Fondation de l'Universalisme*, Paris, PUF/Collège International de Philosophie, 1998, pp. 15-16).

106. Félibien, *Entretiens sur les Vies et les Ouvrages des plus Excellents Peitres Anciens et Modernes*, III, Sixiéme Entretien, Londres, David Mortier, 1705, em <*http://books.google. pt/books?id=NmoGAAAAQAAJ...*>, p. 142-249.

107. Carta de Giustiniani, em Howard Hibbard, *Caravaggio*, Nova Iorque, Harper and Row, 1985, Apêndice II, p. 345.

108. Karel Van Mander, «Het Leven der Moderne oft dees-tejtsche doorluchtighe Italiaensche Schilders...», em Hibbard, *Caravaggio*, p. 344; para contextualizar a obra de Van Mander, que teve nos Países-Baixos um papel de historiador idêntico ao de Vasari nos países do sul, ver: *Principe et Fondement de L«Art Noble et Libre de la Peinture*, Paris, Les Belles Lettres, 2008; e o primeiro volume de *Le Livre des Peintres, I: Vie des plus Illustres Peintres des Pays-Bas et d'Allemagne*, Les Belles Lettres, 2002.

109. Joachim Von Sandrart, *Teutsche Academie* (1675) [excerto], em *Lives of Rembrandt: Sandrart, Baldinucci, Houbracken*, Londres, Pallas Athene, 2007.

110. Filippo Baldinucci, *Cominciamento e Progresso dell'arte d'intagliare in rame colle vita de' piu eccelenti maestri della stessa professione*, em *Lives of Rembrandt*, ob. cit., p. 37.

111. Fernando Checa, «Beyond Venice: Titian and the Spanish Court», em Sylvia Ferino--Pagden (org.), *Late Titian and the Sensuality of Painting*, Veneza, Marsilio, 2007, pp. 63-69.

BIBLIOGRAFIA

BIBLIOGRAFIA

AA. VV., *The Age of Caravaggio*, Nova Iorque, The Metropolitan Museum of Art, Electa/ Rizzoli, 1985.

AA. VV., *Darkness & Light: Caravaggio & His World*, The Domain, Art Gallery of New South Wales, Melbourne, National Gallery of Victoria, 2003.

AA. VV., *Studi di storia dell'arte in onore di Mina Gregori*, Milão, Silvana, 1994.

AA. VV., *Caravaggio la Medusa: Lo splendore degli scudi da parata del Cinquecento*, Milão, Silvana, 2004.

AA. VV., *Caravaggio: The Final Years*, Nápoles, Electa, 2005.

AA. VV., *Rembrandt Caravaggio*, Zwolle, Waanders Publishers, Amesterdão, Rijksmuseum, 2006.

AA. VV., *Caravaggio y la Pintura Realista Europea*, Barcelona, Museu Nacional d'Art de Catalunya, 2006.

AA. VV., *Michelangelo da Caravaggio: La Madalena di Paliano 1606-2006*, Roma, De Luca, 2006.

AA. VV., *Caravaggio: La Resurrezione di Lazaro*, Roma, Palombi, 2012.

Agostinho, Santo, *A Cidade de Deus*, Vols. I a III, Lisboa, Fundação Calouste Gulbenkian, 1991-1995.

Agostinho, Santo, *Confissões*, Lisboa, IN-CM, 2000.

Alberti, Leon Battista, *De Pictura*, ed. ut.: *On Painting*, Penguin, 1991.

Argan, Giulio Carlo, *L'Europe des Capitals 1600-1700*, Skira, 1964.

Auerbach, Eric, *Mimesis: Dargestellte Wirklichkeite in der abendlaendischen Literatur* (1946), ed. ut.: *Mimesis*, S. Paulo, Perspectiva, 2004.

Badiou, Alain, *L'Être et l'Événement,* Paris, Seuil, 1988 [Foram ainda utilizadas as seguintes traduções, com prefácios inéditos do autor: *El Ser y el Acontecimiento*, Buenos Aires, Manantial, 1999; *Being and Event*, Nova Iorque e Londres, Continuum, 2006].

Badiou, Alain, *Conditions*, Paris, Seuil, 1992.

Badiou, Alain, *Saint Paul: La Fondation de l'Universalisme*, Paris, Collège International de Philosophie / PUF, 1997.

Badiou, Alain, *Petit Manuel d'Inesthétique*, Paris, Seuil, 1998.

Badiou, Alain, *Abrégé de Métapolitique*, Paris, Seuil, 1998.

Badiou, Alain, *Logiques des Mondes: L'Être et l'Événement II*, Paris, Seuil, 2006.

Baglione, Giovanni, *Le Vite de' Pittori, Scultori, e Architetti Moderni* (1672), em *The Lives of Caravaggio*, Londres, Pallas Athene, 2005.

Bal, Mieke, *Quoting Caravaggio: Contemporary Art, Preposterous History*, The University of Chicago Press, 2001.

Battisti, Eugenio, *Hochrenaissance und Manierismus*, ed. ut.: *Renascimento e Maneirismo*, Mem Martins, Verbo, 1984.

Bayer, Andrea (org.), *Painters of Reality: The Legacy of Leonardo and Caravaggio in Lombardy*, Nova Iorque, Metropolitan Museum of Art, 2004.

Bellori, Giovanni Pietro, *Le Vite de' Pittori, Scultori et Architetti Moderni* (1672), ed. ut.: *The Lives of the Modern Painters, Sculptors, and Architects*, Cambridge University Press, 2005.

Belting, Hans, *Bild und Kult* (1990), ed. ut.: *Likeness and Presence: A History of the Image Before the Era of Art*, University of Chicago Press, 1994.

Benedetti, Sergio, «Darkness and light», em AA. VV., *Darkness & Light: Caravaggio & His World*.

Berne-Joffroy, André, *Dossier Caravaggio* (1959), ed. ut.: *Il Dossier Caravaggio: Psicologia delle Attribuzioni e Psicologia dell'arte* (trad.), Milão, 5 Continents, 2005.

Berenson, Bernard, *Caravaggio: Delle sue Incongruenze e Della sua Fama* (1950), *Abscondita*, 2006.

Bergdolt, Klaus e Giorgio Bonsanti (orgs.), *Opere e giorni: Studi su mille anni di arte dedicati a Max Seidl*, Venedig, 2001.

Berra, Giacomo, *Il Giovane Caravaggio in Lombardia: Ricerche Documentarie sui Merisi, gli Aratori e i marchesi di Caravaggio*, Fondazione Roberto Longhi, 2005.

Bersani, Leo e Ulysse Dutoit, *Caravaggio's Secret*, Cambridge, Mass., The MIT Press, 1998.

Bersani, Leo e Ulysse Dutoit, *Caravaggio* [sobre Derek Jarman, *Caravaggio*], Londres, British Film Institute, 1999.

Berti, Luciano, Pierandrea Lussana e Graziela Maghierini, *Richiamandoci il Caravaggio felice: L'apoteosi sua contemporânea e quella odierna*, Florença, Nicomp L.E., 2004.

Bíblia Ilustrada, Vol. I a Vol. VIII [trad. João Ferreira Annes de Almeida e org. José Tolentino de Mendonça], Lisboa, Assírio & Alvim e Círculo de Leitores, 2006. Foram ainda consultadas (para clarificar discrepâncias em versículos, no entanto raras, outras edições da *Bíblia*: *A Bíblia Sagrada Contendo o Novo e o Velho Testamento, traduzida em Portuguez segundo a Vulgata Latina pelo Padre António Pereira de Figueiredo*, Lisboa, Depósito das Sagradas Escrituras, 1923; *Bíblia Sagrada Traduzida da Vulgata e anotada pelo Pe. Matos Soares*, São Paulo, Edições Paulistas, 1960.

Blumenberg, Hans, *Die Legitimität der Neuzeit (Erweiterte und Überarbeitete)* (1966), ed. ut.: *The Legitimacy of Modern Age*, Cambridge, Mass., The MIT Press, 1985.

Blunt, Anthony, *Art and Architecture in France 1500 to 1700*, ed. ut.: *Arte y Arquitectura en Francia 1500 – 1700*, Madrid, Cátedra, 1998.

Blunt, Anthony, *Poussin*, Pallas Athene, 1997.

Borromeo, Federico, *De Pictura Sacra / Museum*, ed. ut.: *Sacred Painting / Museum*, Cambridge, Mass., Harvard University Press, 2010.

Breton, Stanislas, *Saint Paul*, Paris, PUF, 1988.

Brown, Jonathan e Robert Engrass (orgs.), *Italian and Spanish Art, 1600-1750: Sources and Documents*, Chicago, Northwestern University Press, 1993.

Burkhardt. Jacob, *Der Cicerone : Der Cicerone: Eine Anleitung Zum Genius Der Kunswerke Italiens* [1855].

Burckhardt, Jacob, *Der Cicerone: Eine Anleitung Zum Genius Der Kunswerke Italiens, Voleme 2, & NBSP; Parts 1-2*, Milton Keynes, Lightning Source, 2010

Burkhardt. Jacob, *The Cicerone: An Art Guide to Painting in Italy. For the Use of Travellers and Students* (trad. ing.), Milton Keynes, Lightning Source, 2011.

Burckhardt, Jacob, *The Civilization of the Renaissance in Italy* (trad. ing.; original: 1869), Londres, Phaidon, 2006.

Calvesi, Maurizio, *La Realtà di Caravaggio*, Einaudi, 1997.

Calvesi, Maurizio, *Caravaggio*, Florença, Milão, Giunti, 1998.

Calvesi, Maurizio e Caterina Volpi (orgs.), *Caravaggio nel IV Centenário della Capella Contarelli*, Università degli Studi di Roma «La Sapienza», 2002.

Calvesi, Maurizio, «Caravaggio: l'arte eccelsa di un pittore calunniato», em Anna Coliva (org.), *Caravaggio – Bacon*.

Castiglione, Baldesar, *Il Çibro del Cortegiano*, ed. ut.: *O Livro do Cortesão,* Porto, Campo das Letras, 2008.

Cennini, Cennino d'Andrea *Il Libro dell'Arte,* ed.ut.: *The Craftsman's Handbook*, Nova Iorque, Dover, 1960,

Changeux, Jean-Pierre (org.), *La Lumière: Au Siècle des Lumières & Aujourd'hui, Art et Science*, Paris, Odile Jacob, 2005.

Chapman, Hugo e Marzia Faietti (orgs.), *Fra Angelico to Leonardo: Italian Renaissance Drawings*, The British Museum Press, 2010.

Chiesa, Ângela Ottino Della, *Tout L'Ouvre Peint du Caravage* (1967), Paris, Flammarion, 2008.

Chorpenning, Joseph F., «Another look at Caravaggio and Religion», *Artibus et Historiae*, 8 (16), 1987.

Cinotti, Mia, *Caravaggio: La Vita e l'Opera*, Bolis, 1991.

Coliva, Anna (org.), *Caravaggio – Bacon*, Federico Motta, 2010.

Curuz, Maurizio Bernardelli e Adriana Conconi Fedrigolli, *Young Caravaggio, One Hundred Rediscovered Works: The Discovery that Revolutionazes our Understanding of the Artist,* Vols. 1 e 2 [versão ing. consultada], Brescia, Fondazione Dominato Leonense, 2012 (e-book). [Sobre a polémica e dossier de imprensa suscitado por este trabalho ver NOTAS, nota 46]

De Piles, Roger, *L'Idée du Peintre Parfait* (de *Abrégé de la Vie des Peintres [1697]*), Gallimard, 1993.

Depoortere, Frederiek, *Badiou and Theology*, Londres, Nova Iorque, Continuum, 2009.

Derrida, Jacques, *La Vérité en Peinture*, Paris, Flammarion, 1978.

Derrida, Jacques (texto e comissariado de exposição), *Mémoires d'Aveugle: l'Autoportrait et Autres Ruines*, Paris, Réunion des Musées Nationaux, 1990.

Earls, Irene, *Renaissance: A Topical Dictionary*, Nova Iorque, Greenwood, 1987.

Ebert-Schifferer, Sybille, *Caravage* (trad. franc.), Hazan, 2009.

Ebert-Schifferer, Sybille, e Julian Kliemann, Valeska von Rosen e Lothar Sickel (orgs.), *Caravaggio e il suo ambiente: Ricerche e interpretazioni*, Roma, Silvana, 2007.

Faber, Frederick William, *The Spirit and Genius of St. Philip Neri*, Bibliobazaar, 2010.

Félibien, *Entretiens sur les Vies et les Ouvrages des plus Excellents Peitres Anciens et Modernes,* III, Sixiéme Entretien, Londres, David Mortier, 1705, em <http://books.google.pt/books?id=NmoGAAAAQAAJ...>

Ferino-Pagden, Sylvia (org.), *Late Titian and the Sensuality of Painting*, Veneza, Marsilio, 2008.

Filipe Neri (St Philip Neri), *The Maxims and Sayings of St Philip Neri*, Potosi (Wis), St Athanasius Press, 2010.

Francisco de Assis. S. (Francis and Clare), *The Complete Works*, Nova Iorque, Paulist, 1982.

Freedberg, Sydney Joseph, *Painting in Italy 1500-1600* (1969), Pelikan, 1982.

Freedberg, Sydney Joseph, *Circa 1600: A Revolution of Style in Italian Painting*, Harvard University Press, 1983.

Fried, Michael, *Absortion and Theatricality: Painting and Beholder in the Age of Diderot*, Chicago, University of Chicago Press, 1980 [Consultar também a trad. francesa com prefácio inédito: *La Place du Spectador: Esthétique et origines de la peinture moderne*, Gallimard, 1990].

Fried, Michael, «Thoughts on Caravaggio», *Critical Inquiry*, 24 (2), The University of Chicago Press, Outono, 1997.

Fried, Michael, *The Moment of Caravaggio*, Princeton University Press, 2010.

Friedlaender, Walter, *Caravaggio Studies* (1955), Nova Iorque, Schocken, 1969.

Friedlander, Walter, *Mannerism and Anti-Mannerism in Italian Painting* (1957), Columbia University Press, 1990.

Gilbert, Creighton E., *Caravaggio and his two Cardinals*, Pennsylvania State University Press, 1995.

Goethe, *Italienische Reise*, ed. ut.: *Viagem a Itália*, Lisboa, Círculo de Leitores, 1992.

Graham-Dixon, Andrew, *Caravaggio: A Life Sacred and Profane*, Allen Lane/Penguin, 2010.

Gregori, Mina (org.), *The Age of Caravaggio*, Nova Iorque, Metropolitan Museum of Art, Milão, Electa, 1985.

Gregori, Mina, *Caravaggio* (1994.), ed. ut.: *Caravage*, Gallimard, 1995.

Gregori, Mina (org.), *Caravaggio e la Modernità: I dipinti della Fondazione Roberto Longhi*, Milão, Giunti, 2010.

Gregori, Mina (org.), *The First Medusa: Caravaggio*, Milão, 5 Continents, 2011.

Grosseteste, Robert, De Luce/ On Light, Milwaukee, Marquette University Press, 2000.

Hibbard, Howard, *Caravaggio*, Nova Iorque, Harper and Row, 1983.

Hocke, Gustav R., *Die Welt als Labyrinth* (1957), ed. ut.: *Maneirismo: O Mundo como Labirinto*, S. Paulo Perspectiva, 1986.

Hommes, Margriet van Eikema e Ernst van de Wetering, «Light and colour in Caravaggio and Rembrandt, as seen through the eyes of their contemporaries», em AA. VV. *Rembrandt Caravaggio*.

Jarman, Derek, *Caravaggio*, UK/BFI, 1986, 89', cor, som (DVD: BFI).

König, Eberhard, *Caravaggio*, Ullmann, 2007.

Lambert, Gilles, *Caravaggio* (2001), Taschen, 2001.

Langdon, Helen, *Caravaggio: A Life*, Boulder, Westview Press, 2000.

Lindenberg, Herbert, *Opera in History: From Monteverdi to Cage*, Stanford University Press, 1998.

Longhi, Roberto (org. comissário), *Mostra del Caravaggio e dei caravaggeschi*, Florença, Sansoni, 1951 (reed.: Servizi Editoriali, 2005).

Longhi, Roberto, *Caravaggio* (1926), ed. ut.: *Le Caravage* (trad. franc.), Paris, Éditions du Regard, 2004.

Longhi, Roberto, *Il Palazzo non Finito: Saggi inediti 1910-1926*, Mondadori, 1995.

Longhi, Roberto, *Me Pinxit e Questi Caravageschi*, Florença, Sansoni, 1992.

Longhi, Roberto, *Studi Caravaggeschi (1943-1968), Vol. XI, I*, Florença, Sansoni, 1999.

Longhi, Roberto, *Studi Caravaggeschi (1935-1969), Vol. XI, II*, Florença, Sansoni, 2000.

Longhi, Roberto, *Studi e Ricerche sul Sei e Settecento, Vol. XII*, Sansoni, 1992.

Mahon, Denis, *Studies in Seicento Art and Theory*, Oxford, Greenwood, 1971.

Mancini, Giulio, [Caravaggio] *Considerazioni Sulla Pittura* (1617), em *The Lives of Caravaggio*, Londres, Pallas Athene, 2005

Mander, Karel [Carel] van, *Principe et Fondement de L'Art Noble et Libré de la Peiture*, Les Belles Letres, 2008.

Mander, Karel [Carel] van, *Le Livre des Peintres, Vol, I*, Les Belles Letres, 2002.

Manguel, Alberto, *Reading Pictures: A History of Love and Hate* (2000), ed. ut.: *Le Livre d'Images*, Actes Sud, 2001.

Manuth, Volker, «"Michelangelo of Caravaggio, who does wondrous things in Rome": on Rembrandt's knowledge of Caravaggio», em AA. VV. *Rembrandt Caravaggio.*

Marangoni, Matteo, *Come si Guarda um Quadro*, ed. ut.: *Comment on Regarde un Tableau*, Neuchatel, Griffon, s/d (194...).

Marin, Louis, *Détruire la Peinture* (1977), *To Destroy Painting*, The University of Chicago Press, 1995.

Marin, Louis, *Sublime Poussin* (1995), *Sublime Poussin*, Stanford University Press, 1999.

Martin, John Rupert, *Baroque*, Westview, 1977.

Martyrologium romanum, ed. ut.: *The Roman Martyrology (In which are to be found the Eulogies of the Saints and Blessed approved by the Sacred Congregation of Rites up to 1961)*, Westminster, The Newman Press, 1962.

Moir, Alfred, *Caravaggio*, Nova Iorque, Harry N. Abrams, 1982.

Morena, Marina (org.), *Caravaggio a Roma: Una Vita dal Vero*, Roma, De Luca, 2011.

Ndalianis, Angela, «Caravaggio reloaded: neo-baroque poetics», em AA. VV., *Darkness & Light: Caravaggio & His World.*

Nicolson, Benedict, *The International Caravaggesque Movement: Lists of Pictures by Caravaggio and His Followers Throughout Europe From 1590 to 1650*, Londres, Phaidon, 1979.

Pacelli, Vincenzo, *L'ultimo Caravaggio 1606-1610, Il giallo della morte: un assassino di Stato?*, Todi, Ediart, 2002.

Palomino, Antonio A., *Vida de don Diego Velázquez da Silva* (ca. 1/24), Madrid, Akal, 2008.

Papi, Gianni (org.), *Caravaggio e caravaggeschi a Firenze*, Milão, Giunti, 2010.

Posèq, Avigdor W. G., «Caravaggio and the Antique», *Artibus et Historiae*, 11 (21). 1990.

Puglisi, Catherine, *Caravaggio* (1998), Londres, Phaidon, 2002.

Ratzinger, Joseph – Bento XVI, *Jesus Von Nazareth* (2007), ed. ut.: *Jesus de Nazaré*, Lisboa, A Esfera dos Livros, 2010.

Ratzinger, Joseph – Bento XVI, *Jesus Von Nazareth* (Vol. II, 2011), ed. ut.: *Jesus de Nazaré: Da Entrada em Jerusalém até à Ressurreição*, Parede, Principia, 2011.

Ratzinger, Joseph – Bento XVI, *Saint Paul* (trad. ing.), San Francisco, Ignatius Press, 2009

Ratzinger, Joseph – Bento XVI, *The Apostles* (trad. ing.), Huntington (Ind), Our Sunday Visitor, 2007.

Röttgen, Herwarth, *Caravaggio* (sd), ed. ut.: *Il Caravaggio: Ricerche e Interpretazione*, Roma, Bulzoni, 1974.

Sandrart. Joachiam von, [Rembrandt], em *Teutsche Academie* (1675), em *Lives of Rembrandt*, Londres, Pallas Athene, 2007.

Sarduy, Severo, *Barroco*, Paris, Seuil, 1975.

Satié, Alain, *Du Caravage à Rembrandt: Maîtres, Adeptes et Plagiaires du Clair-Obscur*, Paris, Jean-Paul Rocher, 2002.

Savonarola, Fra Girolamo, *Trionfo della Croce* (1497); ed. ut.: *The Triumph of the Cross*, Potosi (Wis), St Athanasius, 2010.

Schama, Simon, *Power of Art*, BBC Books, 2006.

Schütze, Sebastian, *Caravage: L'Oeuvre Complet* (trad. franc.), Taschen, 2009.

Sgarbi, Vittorio, «El genio vulnerable: Il Caravaggio», *Franco Maria Ricci*, 40 (ed. espanhola), Barcelona, 1991.

Sgarbi, Vittorio, *Caravaggio*, Skira, 2007.

Sócrates de Constantinopla (Socrate de Constantinople), *Histoire Ecclésiastique, Livre I*, Paris, Cerf, 2004.

Spear, Richard E., *From Caravaggio to Artemisia: Essays on Painting in Seventeenth-Century Italy and France*, Londres, The Pindar, 2002.

Spezzaferro, Luigi, «La *Medusa* del Caravaggio», em AA. VV., *Caravaggio la Medusa: Lo splendore degli scudi da parata del Cinquecento*, Milão, Silvana, 2004.

Spezzaferro, Luigi, *Caravaggio*, Milão, Silvana, 2010.

Spike, John T., *Caravaggio*, Nova Iorque, Londres, Abbeville, 2001.

Stendhal, *Rome, Naples et Florence* (1826), Gallimard, 2010.

Stendhal, *Chroniques Italiennes*, Gallimard, 2009.

Stendhal, *Promenades dans Rome*, Gallimard, 1997.

Strinati, Claudio e Rossella Vodret (orgs.), *La Luce nella Pittura Lombarda*, Electa, 2000.

Strinati, Claudio, «A new naturalism», em AA. VV., *Darkness & Light: Caravaggio & His World*.

Strinati, Claudio (org., comissário), *Caravaggio*, Skira, 2010.

Strinati, Claudio e Alessandro Zuccari, *I Caravageschi / The Caravaggesque Painters*, Skira, 2010.

Thomas, Troy, «Espressive aspects of Caravaggio's first inspiration of Saint Matthew», *The Art Bulletin*, 67 (4), Dezembro, 1985.

Varriano, John L., *Caravaggio: The Art of Realism*, Pennsylvania University Press, 2006.

Vasari, Giorgio, *Le Vite de' più eccellenti Architetti, Pittori et Scultori Italiani da Cimabue insino a' tempi nostri descritte in lingua Toscana da Giorgio Vasari pittore* ... (1550), ed. ut.: Las vidas de los más excelentes arquitectos, pintores y excultores italianos desde Cimabue a nuestros tiempos (Antologia, estudo, selec., trad. de María T. Méndes Baiges e Juan María Montijano García), Madrid, Tecnos/Alianza, 2006.

Venturi, Lionello, *From Leonardo to El Greco*, Skira, 1956.

Venturi, Lionello, *Four Steps Toward Modern Art: Giorgione, Caravaggio, Manet, Cèzanne*, Columbia University Press, 1965.

Vidal, Carlos, «Da luz como elemento do vocabulário plástico, da técnica e significado do claro-escuro» [trabalho apresentado na FBAUL, disciplina de Forma Visual], dactiloscrito não publicado, 1986.

Vidal, Carlos, *Sombras Irredutíveis: Arte, Amor, Ciência e Política em Alain Badiou*, Lisboa, Vendaval, 2005.

Vidal, Carlos, *Invisualidade da Pintura: História de uma Obsessão (de Caravaggio a Bruce Nauman)* [Tese de doutoramento defendida na UL, 2010], UL/FBA, 2010 [policopiado].

Vidal, Carlos, «Porque é que Caravaggio inventou a arte moderna?», *5dias* [blogue], http://5dias. net/2009/05/07/o-essencial-sobre-caravaggio-o-inventor-da-arte-moderna/

Vidal, Carlos, «400 anos depois, exactamente 400 anos depois, pouco se sabe acerca de Caravaggio; e o pouco que se sabe, do homem e da obra, está quase sempre errado, até que...», *5dias*, http://5dias.net/2010/04/03/400-anos-depois-exactamente-400-anos-depois-pouco-se-sabe-acerca-de-caravaggio-e-o-pouco-que-se-sabe-do-homem-e-da-obra-esta-quase-sempre-errado-ate-que%e2%80%a6/

Vidal, Carlos, «Um homem profundamente devoto», *5dias*, http://5dias.net/2011/01/21/um-homem-profundamente-devoto/

Vodret, Rossella, *Caravaggio: The Complete Works*, Silvana, 2010.

Voragine, Jacques de, *Legenda Áurea*; ed. ut.: *La Legende Dorée, Vols. I, II*, Paris, Flammarion, 1967.

Warwick, Genevieve (org.), *Realism, Rebellion, Reception*, University of Delaware Press, 2006.

Whitfield, Clovis, *Caravaggio's Eye*, Londres, Paul Holberton, 2011.

Wittkower, Rudolf, *Art and Architectures in Italy 1600-1750: I. Early Baroque* (1958), Yale University Press, 1999.

Wright, Christopher, *Poussin: Paintings – A Catalogue Raisonné*, Londres, Chaucer, 2007.

Zuffi, Stefano, *Caravaggio: Storie di San Mateo*, Milão, Pero, 2012.

www.ingramcontent.com/pod-product-compliance
Lightning Source LLC
Chambersburg PA
CBHW052323220526
45472CB00001B/243